中华武科试实则

徐 劢◎著　支　川　冷传奇◎译

人民体育出版社

图书在版编目（CIP）数据

中华武科试实则／徐劢著；支川，冷传奇译. -- 北京：人民体育出版社，2022（2023.12重印）

ISBN 978-7-5009-5967-0

Ⅰ.①中… Ⅱ.①徐…②支…③冷… Ⅲ.①科举制度－研究－中国－古代 Ⅳ.①D691.3

中国版本图书馆 CIP 数据核字（2021）第 031358 号

*

人民体育出版社出版发行
北京建宏印刷有限公司印刷
新 华 书 店 经 销

*

710×1000　16 开本　6.75 印张　90 千字
2022 年 3 月第 1 版　2023 年 12 月第 2 次印刷
印数：1,001—1,300 册

*

ISBN 978-7-5009-5967-0
定价：35.00 元

社址：北京市东城区体育馆路 8 号（天坛公园东门）
电话：67151482（发行部）　　邮编：100061
传真：67151483　　　　　　　邮购：67118491
网址：www.psphpress.com

（购买本社图书，如遇有缺损页可与邮购部联系）

中文版序

中国武举文化的国际传播
—— Etienne Zi（徐劢）和他的《中华武科试实则》

中国之有武举，始于唐代长安二年（702年），当时作为最高统治者的武则天，下诏"天下诸州，有练习武艺者，每年准明经、进士例举送"（《册府元龟·卷六三九·贡举部》），首次把习武之人放在与参加明经、进士两科考试的士子同等重要的地位；同时，这也是首次从国家层面确立选拔将帅之才的制度。在唐代，武举也属常举之列，每年都举行一次，由兵部负责。宋代则于仁宗天圣七年（1029年）初设武举，恢复了五代时期一度中断的武举考试，宋代科举较之唐代，不但考试弓、马等武艺，还要考"策略"，即以笔试的形式对相关问题进行解答。到了明代，明宪宗即位后，制定了制度性的武举之法，规定"凡天下取贡，举谙晓武艺之人，兵部会同京营总兵官于帅府内考其策略，于教场内试其弓马"（《明实录·宪宗·卷之十》），并比照文科举设乡试、会试；崇祯四年（1631年）又增设了殿试。清朝是武举制度最为完善的一朝，顺治元年，"定武举会试于辰、戌、丑、未年，各直省武乡试于子、午、卯、酉年"。逢庆典则加恩科，准于十月举行各直省武闱乡试。也就是说，每三年举行乡试、会试，遇到皇帝及其亲属相关的庆典还要举行额外的考试，每年的武举乡试在天气较为寒冷的农历十月举行，武举会试则多在乡试举行后第二年的九月举行。武举自 702 年始，到光绪二十七年（1901年）清廷宣布永远停止武举考试，综上，武举制度共沿袭了 1200 年。受到中华文化影响的东亚国家中，朝鲜和越南也都学习并采用了中国的武举制度，但在学习的同时又有创新，如朝鲜、越南的武举到后期都考对火器的使用，朝鲜李朝时期甚至一度将击毬，即打马球，也作为武举考试的内容之一。

相对于历代有关文科举的大量记载而言，武举由于受到历代文人的关注较少；传统社会也普遍持"衣冠文士羞与武夫齿"的态度，这种社会风气自然影响明、清时代远道来华的中、西文化交流中介——天主教传教士群体，如利玛窦就是个非常典型的例子，虽然在他的努力下，南京的早期皈依者中就有武举出身的信徒，但在其卷帙浩繁的记录中（《利玛窦中国札记》），对武举的记载却仅是寥寥数笔，相对于"哲学家治理的国家""秀才相当于学士、举人相当于硕士、进士相当于博士"这类由利玛窦及其后继者所炮制并在西方广泛流行的文科举概念而言，武举却成为他们记载中的一个空白。

一

这个西方对中国了解的空白，直到 1896 年才被一个以其法文名 Etienne Zi 闻名欧陆的人撰写的著作所填补。长期以来，中国学界有不少人均受到其法文名的影响，认为这位 Etienne Zi 是法国人，是西方传教士。

但实际上这位 Etienne Zi 却是个地地道道的中国人，他就是耶稣会的中国籍神父徐劢。根据《圣教杂志》第 21 卷第 8 期所载："公讳劢，字伯愚；圣名：斯德望；原籍苏州，生于 1851 年 1 月 4 日。1860 年，避发匪乱，随父母徙居奉贤县之道院村。"从中可以得知，徐劢是苏州人，年幼时因为躲避太平军与清军交战所引发的战乱，迁居今上海奉贤的道院镇。徐劢在年轻的时候就加入了耶稣会，晋铎后被派往今徐州沛县的五段镇传教，并继李问渔和潘谷声之后，长期担任当时中国天主教最大的报刊《圣心报》的主任及主编。他不但参与了篇幅颇巨的世界地理著作《五洲图考》的编纂，还撰写了中、西文论著近二十部。

在西文撰述中，他的署名均为 Le P. Etienne Zi (Siu), S. J.，单看这个名字，确实洋味儿十足，这也是对其生平不了解的学者们将其看成法国人的主要原因。在他一长串的署名中，P. 是法文 père 的缩写，即神父之意；S. J. 则是拉丁语 Societas Jesu，即耶稣会的缩写，标志其耶稣会士的身份；Zi 是他自己姓氏"徐"的吴语发音的转写；括号中的 Siu 则表示在当时通行的威氏拼音中"徐"的发音；至于 Etienne 这个法语名，正与《圣教杂志》中所记载的他的圣名（天主教徒在受洗礼之后选择的主保圣人的名字，来作为自己的教名，天主教内称圣名）"斯德望"相合，也就是英语中的斯蒂芬。

Etienne Zi，也就是徐劢神父，在科举学界历来被当作"最早写出了研究科举专著的法国人"而受到推崇，这部用法文出版的著作，即 *Pratique des examens militaires en Chine*，根据《圣教杂志》他同事所撰文中的称呼，其中文名应为《中华武科试实则》。这本书出版于 1896 年，篇幅简短，仅有 132 页。作者在该书序言中提到："与欧洲不同，在那里是各个学院都存在着许多的科目，诸如文学、法学、数学、物理、自然等；中国则仅有文、武两科，因此也就存在着两种考试。文科考试已在《汉学丛书（*Variétés Sinologiques*）》第五种《中华文科试实则（*Pratique des examens litteraires en Chine*）》中进行了描述，本书所要探讨的则是武科考试。"[1] 因此，这本书的基本构架也效仿作者的前一本关于文科举考试的书，它由四部分构成：第一部分为武秀才考试，介绍了其基本概念、武县考、武府考、武院考及武岁考；第二部分则为武举人考试，包含其基本概念、考试前、考试中、考试后四章；第三部分为

---

[1] Le P. Etienne Zi (Siu), S. J., *Pratique des examens militaires en Chine*, Chang-Hai: IMPRIMERIE DE LA MISSION CATHOLIQUE, 1896, Preface Ⅱ.

武进士考试，介绍了其基本概念、武会试及武殿试；第四部分则为书中引用的上谕及部议之索引，以及专有名词的中法对照表。

《中华武科试实则》有三个特点很值得关注。一是成书过程。通过《中华文科试实则》的作者自序，我们了解到这两本书都是徐劢用拉丁文写成的，这与耶稣会在神职人员培养过程中重视拉丁语教育密不可分；可想而知，徐劢的法文自然不如他的拉丁文娴熟，而19世纪末的欧洲无论在学术、外交还是知识领域，法语都是最为重要的语言之一，并且当时的法国汉学也方兴未艾，所以该书才由徐劢的同会会友德彪西神父（P. Ch. de Bussy）和夏鸣雷（P. Henri Havret）神父共同译成了法文，徐劢自己也评价说，他们的译文"晓畅忠实（aussi claire que fidèle）"，可见其文字特别是对武举制度及其术语的翻译，是经过中、法学者共同仔细推敲最终得出的。二是内容来源。正如徐劢本人所承认的那样，他的这本书大量参考了1864年出版的《武场条例》一书；但除此之外，他本人还穷数年之功，亲自向大量参加过科举考试的人请教，以了解科举考试运作的直观情况和相应细节，并把这些内容反映在书中。从本书的内容来看也确实反映了这点，比如：在叙述武县考的时候，他提到"在南京，平时租马用于练习只要40~50枚铜钱，但是租马考试要花一两银子"；在叙述武乡试的时候则提到"考试前，很多武生会在马场前跪拜和烧香，也有一些人会献一只鸡作为祭祀品……"这些记载，是不会见诸枯坐于书斋中的学者笔下的，而是田野调查的产物，因此，其著作的历史研究价值自不待言；同时其著作也可以为读者提供社会学、人类学方面的参考。三是写作视角。对于当时固守成规的武举考试，尽管徐劢在序言中表示"我们的工作并非是指出改革的方向……仅是为记录那些一直延续到如今的事务"。然而在正文结束的部分，他却仍然表露出对于改革的强烈愿望，他说："为了守卫辽阔的帝国，和欧洲人的实践有关的另一个体系应早日建立，这也是所有中国挚友的心愿！"对于与武举内容改革有关的问题，我们还将在下文中进行讨论，但从这里的行文可以看出，徐劢对于通过建立务实的军事培养、考试系统以增强国防实力的强烈愿望。

二

徐劢关于中国武举制度的作品甫一出版，马上就引起了西方汉学界的关注，19世纪下半叶，欧洲最负盛名的汉学家施古德（G. Schlegel，1840—1903年）在1896年3月出版的《通报》中对该书进行了如下评介，他写道：

"作为汉学丛书第五号，徐劢神父在官方汉文文献的基础上，曾为我们重点介绍了中国的文科科举考试实则。

此外在该号专刊（第九号）中，作为对他第一部著作的补充，他又介绍了中国的武举，而这些制度至今仍在天朝遵行不废。

从我们西方人的眼光来看，这些都已经过时了，如今的作战武器早已发生了翻天覆地的变化。我们以枪炮作战，不再使用弓箭，然而不可忘记的是：罗马人曾经用这样的武器征服了欧洲大部分地区，而中国人则藉此降服了那些蠢蠢欲动的诸族，而诸族也同样使用弓箭、长枪和马刀作战。那部作品中有很多木刻原画，描绘了各种不同的实战方式，这些均是由方殿华神父（P. L. Gaillard）所提供的。这些绘画从艺术的角度看可能不甚精彩，但是非常直观，一幅不那么精彩的版画也胜过千言万语的描述。

这部作品最初是作者用拉丁文撰成的，然后由德彪西神父（P. C. de Bussy）翻译为法文。其主要内容大部分是由1864年版的《武场条例》所构成的，这部著作具有很高的权威性，是由北京当时的兵部编纂并予以确认的。

我们在此要以欧洲汉学家的名义公开致谢，感谢徐神父深具教益的工作，为一些像我们这样的汉学家们介绍了这一考试。"[1]

---

[1] G. Schlegel 对 Pratique des examens militaires en Chine 一书的书评，见 T'oung Pao, vol. VII, no. 1（Mars 1896），pp. 434-435.

书评作者施古德，9岁就开始向莱顿大学的日本学家霍夫曼（J. J. Hoffmann）学习中文，曾经在中国和当时的荷属巴达维亚学习和游历，并且是莱顿大学第一个汉学讲座设立的推动者和首任教授。1890年，他与法国汉学家亨利·考狄埃（Henri Cordier）共同发起出版《通报》杂志，研究范围为东亚的历史、语言、地理和民族学。施古德从童年时代即打下汉学修养的扎实基础，再加上他同时也是四卷《兰汉词典》的作者，所以施古德对徐劢的作品的评价相对严苛，也就不足为怪了。

《中华文科试实则》出版于1894年，距文科举考试的废除尚有11年；《中华武科试实则》则出版于1896年，距武举考试的废除也尚有5年。在徐劢撰书之时，科举制仍然作为一项重要的制度施行于中国。因此，他的著作不仅仅是对历史事实的梳理，还应当视作对现实制度的研究。施古德在评价中提到的"作战武器发生翻天覆地变化"的观点，实际上与徐劢本人在《中华武科举实则》的序言中所云并无二致。并且徐劢还总结道：

"我也认为体能和箭术在战争中已失去其优势地位，而且也不可能很快恢复其重要性。根据军职进行考试，特别是关于枪炮操练的考试，将更为合理，对于此我并不否认。然而，这是政府的事务；对我而言，我们的工作并非是指出改革的方向，那太艰难了。本书仅是为了记录那些一直延续到如今的事物。"[1]

虽然徐劢所言如此，但我们不难发现他的弦外之音。对武举的内容进行改革，是清中期以来统治阶级内部以及知识阶层的普遍呼声，这种呼声最初的鸣动，可以上溯到明代后期乃至北宋年间，其大旨无非两端：一是认为有将帅之才的人，未必孔武有力，因此不宜纯以考试体力的科目来选拔军事人才；二是鉴于自明代以来，火器在实战运用中的威力逐渐增强，因此提出要考以

---

[1] Le P. Etienne Zi (Siu), S. J., *Pratique des examens militaires en Chine*, Chang-Hai：IMPRIMERIE DE LA MISSION CATHOLIQUE, 1896, Preface Ⅱ.

地雷、火药、战车等新军事技术为代表的内容。从中我们可以发现，新军事技术，特别是火器的使用，本身就是明代中晚期以来中、西文化交流背景下的产物；到了清代，以骑射起家的满人，更是作为火药帝国（Gunpowder Empire）的代表，一举击溃了噶尔丹的游牧政权，从根本上改写了内陆欧亚历史的走向。

但是，收到这份红利从而缔造了"康乾盛世"局面的乾隆帝，在1777年两江总督高晋奏请对武举考试的内容进行改革，将舞刀改为鸟枪以收实用后，却"语重心长"地驳斥道："国家武乡会试之设，原以文武制科，相沿旧制。不但舞刀一项，全无实际。其开弓掇石，又何独不然？即伊等之骑射，亦难尽期有用。且向来用兵时，何尝仗此项武举、临阵克敌耶？至鸟枪一项，原系制胜要器，而民间断不宜演习多藏……若如高晋所奏，武科改用鸟枪，考验准头，则应试之武生，势必时常习学打靶。凡应禁之火药铅丸，俱难禁民间私相售卖……其流弊将无所底止。"（《清高宗实录》卷一零四四，乾隆四十二年十一月癸亥）可见，清朝统治者早已洞悉武举考试的内容不切实用，但一想到大江南北有志于武举的家家户户都"操弄火枪"的情景，实在让他胆战心惊。因此，一直到19世纪末，清政府仍固守旧制，不加改变。光绪二十一年（1895年），康有为在著名的"公车上书"中，特别指出"武科弓刀步石无用甚矣"，提出要"改武科为艺科"学习各种实用科技，并称武举是"武后之谬制"，矛头直指慈禧太后。之后在"戊戌变法"前的短暂春天里，当时的统治者虽已决定对武举内容进行改革，改考与枪、炮有关的技能，但慈禧一复辟，就下令武科举恢复旧制。然而，就像康有为所说的那样，"此真博物院之古物，足供考古者……以此弓、刀、石而与数十响之后膛枪、开花弹之克虏伯炮相校乎？"最终在刘坤一、张之洞等封疆大吏的推动下，清廷终于于1901年永远停止了武举考试。

与文科举保存下来的大量文献、实物相较，武举考试则颇令人有文献不足徵之叹，特别是对于武举考试中各项的实际操作情形如何，可以说完全有赖于《中华武科试实则》才保存了下来，也正是通过本书，我们才了解到原来江南乡试的考场江南贡院，在清代也是作为武举乡试参加者的笔试场所。更需要特别指出的是，书中由方殿华神父——他本人也是《金陵古今》这部反映南京历史地理变迁的法文著作的作者——所绘制的大量插图，在该书出版后，就受到了施古德等汉学家的高度评价。我们可以看到，这些插图不但生动地反映了武举使用武器的形制、武举考试的情景，而且图画中的人物本身就饶有趣味，他们的衣冠服饰无疑是清代服饰，但面孔却纯然是西方人的。因此，从图像学研究的角度将其与同时代西方人描绘中国风俗的图画进行比较，也将是非常有趣的课题。

三

《中华武科试实则》这部书出版后，时人就评价称"海内传颂，咸称杰构"，产生了相当的国际影响力。对于徐劢在武举文化研究、传播方面的贡献，后来欧、美汉学界也给出了相当高的评价。这方面的标志性事件就是1899年徐劢和另一位耶稣会会士黄伯禄共同获得了当年的儒莲奖（Prix Stanislas Julien）[1]，获奖作品正是《中华武科试实则》。儒莲奖是法兰西科学院的金石和美文学学院成员、汉学大家儒莲（1797—1873年），于其去世前一年即1872年赠给学院一笔1500法郎的经费所设立的，自1875年开始颁授，颁发对象为杰出的汉学作品之著者，被誉为汉学界的"诺贝尔奖"。首位获得儒莲奖的是苏格兰汉学家理雅各（J. Legge），到徐劢获奖的1899年，儒莲奖已是第24次颁发，在此之前没有任何一位中国人或东方人膺此殊荣；而在徐劢获奖15年后，才有黄伯禄凭借其另一部著作再次获奖（当时黄实已身故）；又过20年，到第二次世界大战前后，王静如、洪业、冯友兰等才相继

---

[1] Comptes-rendus des séances de l'Académie des Inscriptions et Belles-Lettres, 1899, 43 (6), p. 697.

获奖。由此可见，作为中国人的徐劢，在世界汉学之林的地位可谓前无古人！

作为向西方学界系统介绍中国科举制度的第一人，也是获得法国汉学最高奖"儒莲奖"的东亚第一人，徐劢其人其名却未能得到彰显，而仅在科举研究的学者圈中传扬。笔者2018年夏，在上海拜访国际科举研究领域的巨擘、普林斯顿大学东亚研究院的艾尔曼（Benjamin Elman）教授时，向他说起有关徐劢其人、其书的研究时，他也表示赞许，并认为《中华武科试实则》和《中华文科试实则》这两本书都非常重要。

增强文化自信，传播以科举文化为代表的中国优秀传统文化，需要形成自己的话语体系，还要有一整套具有普适性的术语，不能外行，更不能生造。这本书中的相关术语，正是中、法学者共同努力的结果，实际上是前人为中国和以法国为代表的欧美国家乃至世界范围内的法语国家，在科举及考试文化交流方面所预先搭好的一座桥梁。欣闻南京体育学院武术与艺术学院院长支川教授团队，组织翻译了《中华武科试实则》，出版在即；并将与我馆在"中国武举考试在东亚的传播与接受""武举废除后的武童出身和境遇"等重要学术选题上开展进一步深入合作。我们期待着在"馆校合作"模式下能够加大对传统体育与武举的研究力度，形成更多丰硕的学术成果。

南京中国科举博物馆副馆长

尹 磊

目 录

序　言	001
总　述	002
第一章　武童试	003
第一节　基本概念	004
一、武童生	004
二、考试主题	004
三、术语	005
四、考试评分	013
第二节　武县考	015
一、考试筹备	015
二、头场	015
三、二场	016
四、三场	018
五、考试结果公示	019
第三节　武府考	021
一、考试筹备	021
二、头场	021

三、二场 ……………………………………………… 021
四、三场 ……………………………………………… 023
五、补考 ……………………………………………… 023
第四节 武院考 ………………………………………… 025
一、考试筹备 ………………………………………… 025
二、考试 ……………………………………………… 025
三、及第 ……………………………………………… 026
第五节 武岁考 ………………………………………… 029
一、三年一科 岁考 …………………………………… 029
二、岁考补考 ………………………………………… 029

第二章 武乡试 ……………………………………… 031
第一节 基础概念 …………………………………… 032
一、考期和考场 ……………………………………… 032
二、考官及其他官员 ………………………………… 032
三、考场分布 ………………………………………… 033
四、候选人 …………………………………………… 034
五、录用名额 ………………………………………… 035

第二节 考前 ………………………………………… 040
一、录遗 ……………………………………………… 040
二、准备 ……………………………………………… 040

第三节 考试 ………………………………………… 043
一、第一场考试 ……………………………………… 043
二、第二场考试 ……………………………………… 050
三、第三场考试 ……………………………………… 055

第四节 试后 ………………………………………… 062

一、划分等级	062
二、发榜	063
三、荐拔后	065

第三章　武会试

第一节　基础概念 …………………………………… 068
第二节　武会试 …………………………………… 070
　一、武乡试覆试 …………………………………… 070
　二、武会试 …………………………………… 070
第三节　武殿试 …………………………………… 074
　一、武会试 …………………………………… 074
　二、武殿试 …………………………………… 074
　三、赐及第 …………………………………… 077
　四、授官 …………………………………… 079

附录一 …………………………………… 081

附录二 …………………………………… 085

译后说明 …………………………………… 090

序 言

在欧洲，高等专业院校内部会进行细致的学院划分，例如，数学学院、法学院、数学科学学院、物理学院、自然科学学院等，而在中国，只有文科和武科两大门类，与之相应，选拔考试也只有两种。在《中华文科试实则》一书中，我们已经对文科考试进行了详细的介绍，并刊登于《汉学丛书》第五号文件，本书将进一步考察武科考试。

不得不说，在中国，武科考试因不需要较高的文化知识素养而遭到忽视；考试偶尔滑稽也没什么值得惊奇的。这里无意为武科考试做辩护，烦请允许我澄明它们在历史上存在的原因。在火器发明之前，体力在战争中发挥着重要作用，弓箭也是战争中最有力的武器。尽管现在它们已经过时了，可是罗马人曾借助它征服了欧洲大部分地区，我们借助它降服了诸侯。

"体力和弓箭已经在战斗中失去了行动优势"，我们可能会对这样的说辞提出反对意见。可是谁也不会料到它的优势这么快就被取代了，武科考试中，一门涉及枪支弹药的考试可能更为合理。不可置否，但这是统治者的事，我们的任务不在于提出改革意见，力在对武科进行客观翔实的描述。

1895 年 2 月 2 日
徐 劢

总 述

1. 在某种意义上说，本书是《中华文科试实则》（《汉学丛书》第五号）的补编，笔者默认本书读者已经了解了上一本书中所涉及的相关原则和概念，必要时将会再次说明。

2. 为避免混淆，文中凡涉及武科考试的术语都会添加"武"字作为区分标记。武科考试通过的童生称为武生；学士称为武举人；博士称为武进士[1]。依此类推，武科考试的第一级是武童试；第二级是武乡试；第三级是武会试和武殿试。

3. 文生不具备参加武科考试资格，反之亦然，特殊情况例外，详见下文。

4. 文中采用的长度和重量计量单位均为官方计量单位，尺或法尺，即营造尺，一尺相当于0.3074米，五尺为一弓，即1.537米；半公斤或一斤，根据当时江苏省通用的漕平或天平重585.79克。斤的另一种计量方式是借助库平，等于597.12克。仅有北京采取上述精准的测量方式，在其他省份一斤常常只有满重的十分之八（八折），也就是说，除了北京，十斤在其他地方实际只有八斤。

5. 本书大量参考了《武场条例》（1864年）一书，该书由北京兵部编纂，具有相当的权威性。

6. 与文科考试一样，武科考试分为三级：秀才、举人、进士，这也是本书研究的三个重要部分。

7. 该书原文语言为拉丁语，已经被德彪西神父（P. C. de Bussy）翻译成法语。关于书中的插图，除了几张简图是从中日书籍中借用的，其他的插图及注解均出自方殿华神父（P. L. Gaillard）之手，这里向他表示最诚挚的谢意。

---

[1] 译者注：通过武童试的为武生；通过武乡试的叫武举人；通过殿试的称为武进士。相当于法国的中学会考毕业及格生、学士和博士。

第一章

武童试

第一节　基本概念

一、武童生
提名；年龄；考官；担保人；学师；读卷官

二、考试主题
骑射和平射；硬弓、舞刀、掇石；默写；历史阶段

三、术语
弓；力，松紧度；箭；靶子；骑射场地；硬弓；刀；号石

四、考试评分
及格；良好；优秀；择优录用

第一节　基本概念

一、武童生

武童试每三年举行一次，岁考同年（参见《中华文科试实则》第79页），武童试包括三个阶段的考试：县考、府考、院考，但没有与文科考试相同的测试（参见《中华文科试实则》第79页）。

参加县考的考生叫武童生，简称武童，与文科考试的文童相区分。

武童的年龄没有明文规定，但是年过六十者不可报考乡试和会试。乾隆九年（1744年）和十八年（1753年）统治者分别下令：武闱乡试，嗣后遇有年届六十者，不准其入考场考试；武举年届六十，停其咨送乡会试[1]。

过去，武生有武学，建立于唐开元十八年（730年），还有一座武庙，供奉周朝（公元前1122—公元前249年）开国武官姜太公。但清光绪初年废除，之后武生和文生一样尊孔子为圣，我们下文会进一步谈及。此外，武举应试者和文举考试者拥有相同的廪保、学师和学政。

二、考试主题

考试分为三部分或三个阶段：头场、二场、三场。第一场考骑射；第二场是步射和技勇，技勇包括开弓、舞刀和掇石；第三场为《武经》[2]默写。

---

[1] 道光二十六年（1846年），广东巡抚黄恩彤因请求皇帝授予84岁武生符成梅举人头衔而遭到降级，尽管此人乡试成绩优秀，却仍未被录用。

[2]《武经》共有三卷：第一卷共十三章，作者是孙武；第二卷共六章，作者吴起；第三卷共四章，作者是田穰苴。田穰苴曾被封司马，但是，第三卷也有可能是齐威王的大夫根据《古兵法》编撰的。该书的三位作者皆生于周朝（公元前1122—公元前249年）（译者注：周朝的起始时间为公元前1049—公元前221年），人们称为"武经三子"。（译者注：据《史记·卷六十四·司马穰苴列传·第四》记载：司马穰苴者，田完之苗裔也。由此推算，穰苴最早应为春秋末期齐国人）

前两场考试统称为外场，因为考试场地在室外。第三场考试又叫内场，因其考试场地在室内。举人和进士考试流程也是如此，下文中会进一步详述。

这里做几点历史背景的补充：武科考试制度并非清代才建立的，其早在明朝（1368—1644年）就已经开始运作了。清早期完全承袭了明代的考试流程和内容；顺治十七年（1660年），废除了技勇考核，康熙十三年（1674年）再次恢复。嘉庆十八年（1813年），取消了舞刀考试[1]，道光三年（1823年）再次恢复[2]。

在过去，第三场考试是关于《武经》的策或论。之后在监察御史陆言的提议下，经内阁贵庆审批，嘉庆十二年（1807年），皇帝下旨废除策论，改为《武经》默写，一百字左右："嗣后内场策谕，改为默写武经，由主考官拟出一段，约百余字"。

三、术语

应试者考试时使用的工具介绍：

1. 弓，用于骑射或步射，通常由考生自带

下面是关于弓的形状和材料的详细介绍，以及箭和其他配件的具体说明。

---

[1] 嘉庆十八年五月，奉上谕，国初开设武科，多沿袭前明规制，于马步箭之外，又试以开弓舞刀掇石，以验技勇；顺治十七年，旋将技勇停试；康熙十三年，又议覆踵行；武场以骑射为重，再试以硬弓掇石，可以验其力之强弱，至舞刀一项，不足以分优劣，本属无谓，嗣后会试，与各省武乡试，及武童试，俱着将舞刀一项停止。

[2] 嘉庆二十五年奉上谕，技勇内既向有舞刀一项，着自道光三年为始，仍试以舞刀，以复旧规。

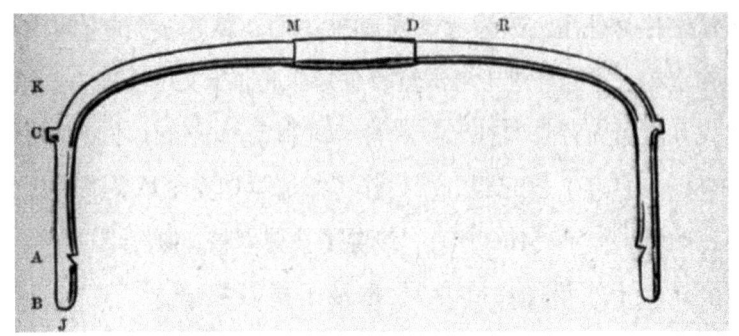

未上弦弓箭草图（小）[1]

B 弓鞘　　MD 弓弝

A 弓弣　　弓弦

C 弓垫　　弓身

弓胎

小弓的总长：1.59 米　　R 的厚度：0.01 米

AB 的长度：0.03 米　　R 的平面宽度：0.035 米

BK 的长度：0.27 米　　J 的厚度：0.01 米

握把 MD 的长度：0.21 米　　J 的宽度：0.023 米

中弓的总长：1.78 米　　大弓的总长：1.81 米

中弓宽度：0.045 米　　大弓宽度：0.048 米

弓末端两侧距离（未上弦拉紧）：

小弓：0.95 米

中弓：0.96 米

大弓：1.08 米

箭的尺寸：

小弓：0.60 米

---

[1] 译者注：原文未注释 J、R、K。现补充如下：J 代表弓弰尾，K 代表弓身，R 代表弓胎。

中弓：0.57 米

大弓：0.46 米

小弓握把横切面末端近似圆形

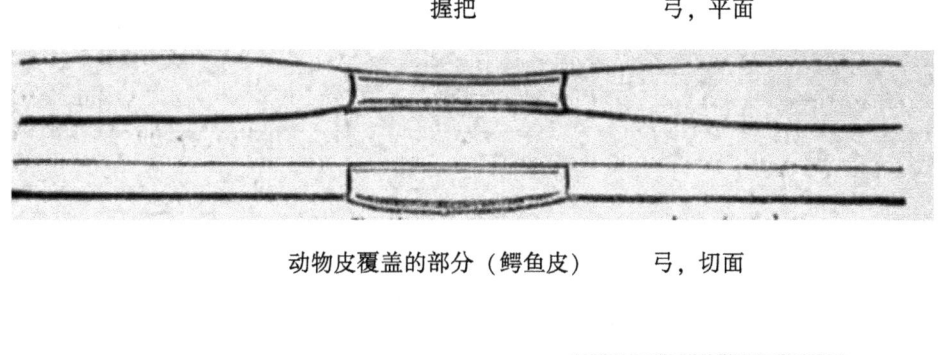

握把　　　　　弓，平面

动物皮覆盖的部分（鳄鱼皮）　　弓，切面

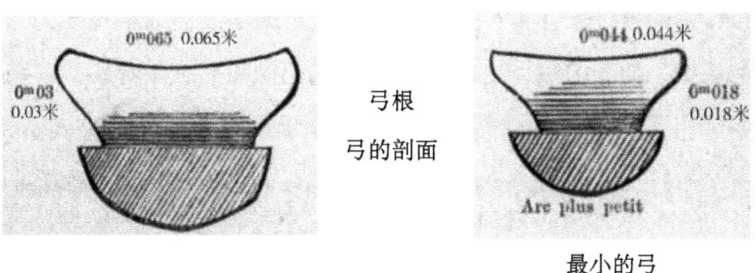

弓根
弓的剖面

最小的弓

上弦耳

弓臂的内侧贴有两毫米厚的牛角片。弓未拉紧时的状态松弛，薄片位于弓的内侧；弓拉紧时薄片位于外侧，弓臂的外侧贴有牛筋，用于增强弓臂的弹力。

弓弦如小拇指或铅笔一般粗细，由十二根细丝紧密缠绕而成，两端各有一个环扣。

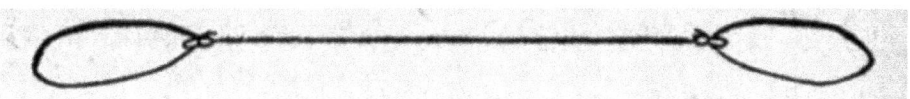

环扣和结之间的长度为0.25米，两结之间弦长为1.10米，总长度为1.60米。

无弦大弓重约1.105千克；中弓0.650千克；小弓0.470千克。

开弓时（大弓且带箭），武生坐在椅子上，弓的一端朝下，弦搭在凹槽上，双手在膝盖上方用力拉弯，同时，细绳将弦固定在上侧的凹槽里。

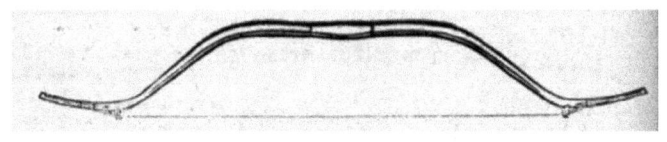

上弦弓草图

下面我们来谈谈箭的硬度。硬度的划分依据为开弓时所需的力量，古时用力这个特殊的单位来计量，一力等于十斤。例如人们通常用几力弓来询问一把弓的硬度，如三力弓，也就是说拉开这把弓需要三十斤的力。乾隆二十五年（1760年）下令，马弓需为三力，步弓五力。

2. 箭根据用途分为两大类：用于步射的叫步箭；用于骑射的叫马箭

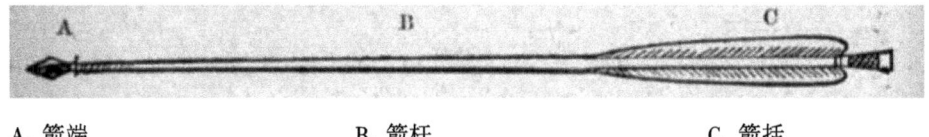

A. 箭端　　　　　　　　B. 箭杆　　　　　　　　C. 箭括

马箭重80克，长0.98米，周长0.04米。

下图为马箭影印图，根据材质分为以下几部分：

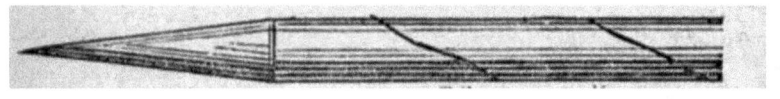

铁尖头0.03米　　　　　　　　包裹的红布

第一章 武童试

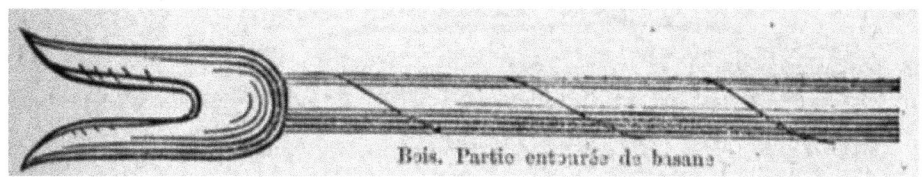

箭尾 0.032 米　　　　　　木质，由羊皮包裹的部分

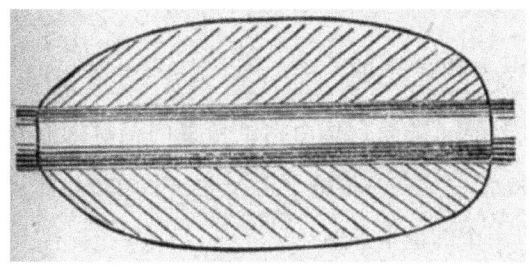

带羽毛的部分 0.26 米

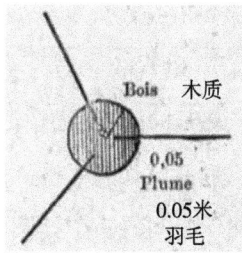

剖面——羽支 0.05 米

步箭重 35 克，长 0.92 米，周长 0.032 米，箭中部分稍微凸起。（上图给出的数据可能会有误差。）另一种小箭重 45 克，长 1 米，带羽毛的部分宽 0.36 米。

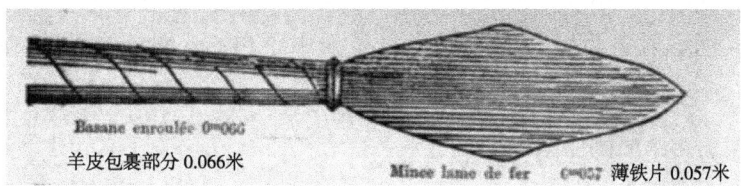

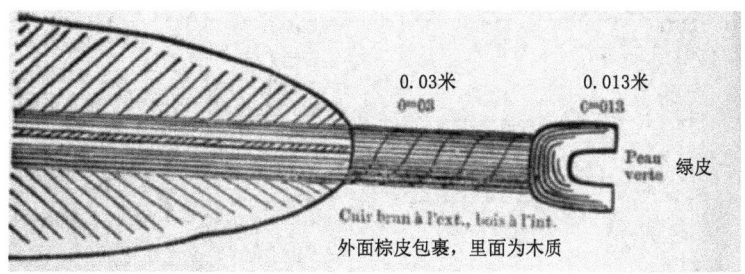

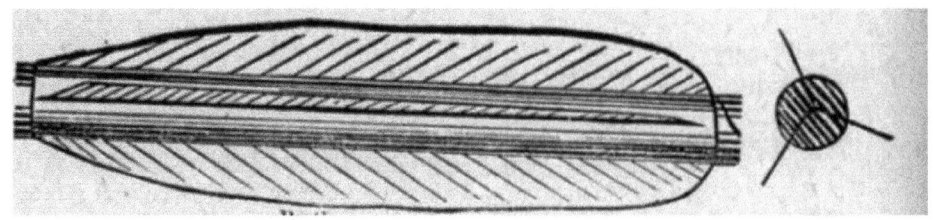

带羽毛的部分 0.26 米　　　　　　　　剖面——羽支 0.017 米

3. 靶子分为两种，骑射的马靶和步射的步靶

在长海[1]，武童试所用的靶子（马靶）均由白纸包裹的稻草人制作而成，形似拉长的木桶，高约 1.60 米，穿在一根杆子上，上、下两端均用黑线箍住，中间有一个红圆，下方有一个红色半月形。

在南京，武举考试有三种靶子：靶子由芦苇一圈圈盘成，每个靶子都有三个红圈，其高不低于 2.50 米；体积如一个肥硕的成年男子。靶子顶端飘动着两面小红旗，用于示意考生射击目标。

步靶由白布制成，绑在高 1.92 米、宽 0.90 米的框架上。垂直立于地面，根据弦的材质确定摆放的距离，通常距骑手 50 米。靶上有一个装饰着龙图腾的红圈，标识射击目标。如果射手只是射中了白布，没有击中靶心，依然算数。

下图为步靶的影印图：

---

[1] 译者注：指长海县，现辽宁省大连市辖县。

第一章 武童试

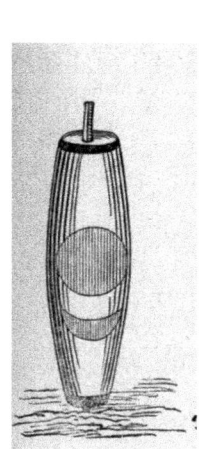 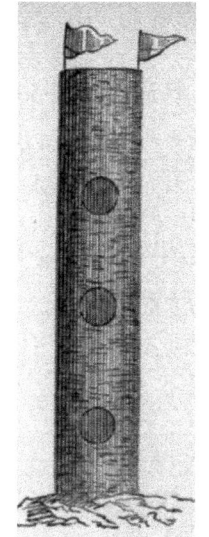

长海步靶　　　南京步靶

在骑射中,箭不仅要射中靶子,还要停留在靶子上;步射中,箭需要射穿白布,如果只是蹭到靶子或者旗子则不会计算在内。

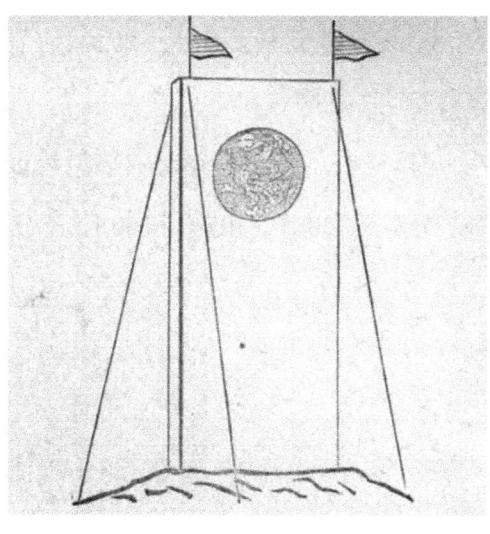

步靶

4. 骑射的路线叫马路、马道或者箭路

在南京也叫埝，马道由深 0.50 米、宽 1.50 米的沟组成，两侧装有 0.40 米高的围栏；起始点的入口叫马路口或埝口；马道是南北朝向，主考官在北端。

武童试考场马路长约 200 弓，即 1000 法尺。靶摆放距离沟槽西侧约 6 法尺的位置，靶间隔约 300 法尺。

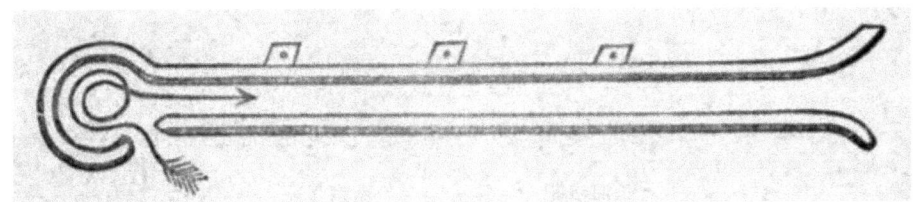

马路

5. 技勇考核使用的弓箭叫硬弓，又叫劲弓、号弓或角弓

开弓力量的计量单位为弓坠或弓锤，有三种弓型：头号、二号、三号，即 No. 1、No. 2 和 No. 3。头号弓为十二力弓，即 120 斤；二号弓为十力弓，即 100 斤；三号弓为八力弓，即 80 斤。

6. 刀或者大刀，用铁铸成，长 3.05 米，刀柄周长 0.22 米

刀同样也有三种，分别是 120 斤、105 斤和 80 斤。

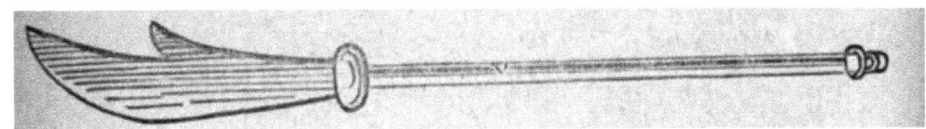

下图是另一种考试用具，两块圆石盘穿在一根杆子上，测试爆发力，挑战武科考试举重纪录（这是一种肌肉力量训练，为舞戟做准备）。

考生把杠铃举过头顶，杠铃的重量跟举重人的体重相当，然后用一只手旋转，保持杠铃平行于地面。

7. 制石或号石，呈长方体，两侧有扣手或插手，便于手插进去将号石举起

号石有三个等级：300 斤、250 斤、200 斤。

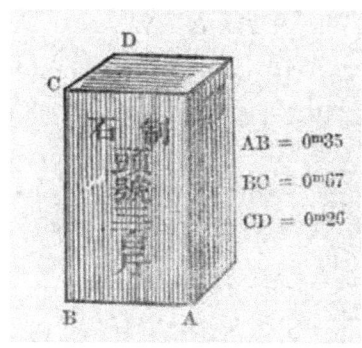

四、考试评分

考试结果评价分为三类：合式意为、符合标准或通过，表示考生成绩合格。例如，在射箭考核中，三箭至少射中一箭。单好意为成绩中等，但是没有达到最好标准——双好。

通过考试的等级可将考生划分为挑取、挑选和挑入好字号三类。

下面我们来看看考试的具体流程和内容。

第二节　武县考

一、考试筹备
考期；兵房；结单；签字和盖章

二、头场
分排；马；靶场；犯规行为；候选人自报姓名

三、二场
考试场地；步射；开硬弓；舞刀；举石

四、三场
试卷；主题；书写方式；重复

五、考试结果公示
第一名；前十名；候选人人数

第一章 武童试

第二节 武县考

一、考试筹备

通常来说,武县考紧跟文科考试之后,由同一知县主持,考试具体时间会提前公示。考生到兵房[1]购买结单,大约400铜钱,价格是文科考生的两倍,类似的差别在别处也有体现。武科结单与文科结单大致相同,只是原来写童生的地方,现在写的是武童[2]。考生需要详细填写所需信息,如年龄、身高、出生地、祖上三代名讳、五个互结担保人的名字等;然后廪保签字、学师盖章。在南京,盖章需缴费640铜钱。最后,将符合规定的结单提交到兵房。

二、头场

考试当天早上,考生穿好礼服[3]去教场等候知县。在武官的陪同下,知县到达考场,将考生以排为单位分组,一排十人。

兵房负责点名,被点的第一排去发马处报道。

马是考生自己的马或租借的马。在南京,平时租马用于练习只要40铜钱到50铜钱,但是租马适逢考试要花一银圆。

考生左手拿着弓和一支箭,另有两支箭挂在腰带上,上马,驱马经过弯道进入马路。在合适的时机,射击第一个马靶,如果命中的话,鼓手击鼓。同样的方式,考生用剩下的两支箭射击第二个和第三个靶子,射中,则击鼓。

---

[1] 文科考试隶属礼房和礼部管理,与之相对应,武科考试有兵房和兵部。
[2] 结单的具体介绍请参见《中华文科试实则》第19页及其后续内容。
[3] 武科考试的服装只包括帽子、袍子、礼靴,没有外套。

考生在马上大声报自己的名字（报名）；下马，把马交给另一个人（收马）。考试过程中，帽子、弓箭掉落，或考生跌下马判为违规，即失仪，将无法参加后续的考试。

考生手持弓下马，走到马路尽头的知县面前，跪拜，再次自报姓名，然后恭敬退下。后面的考生遵循相同的礼节，直到第一排所有考生考试结束，紧接着第二排考生点名入场，以此类推。

骑射考试结束后，知县不公布考试结果，只通知步射的考试时间，要么是当天，要么是次日。

武举考试（长海）
考生射出一箭，从靶子前奔驰而过

三、二场

步射通常在县衙举行，大门紧闭，知县在武官的协助下主持考试。同样是兵房负责点名，候选人分成十人一排。

被点到名的一排考生到主考官处报到。开考考生左手持弓，腰带上挂五支箭；右手大拇指上佩戴一个玦[1]，表情严肃凝重，在右边稍站片刻，脸转向知县（图A）；取出一支箭，搭在弦上，双脚岔开，欠身，拉弓，目视靶子，放箭（图B）；如果中靶，鼓手击鼓示意。考生双脚靠拢，手臂依然保持拉弓的姿势（图C）[2]，身体恢复保持直立，准备射下一箭，按照同样的方式射出剩下四箭。考试结束后，和骑射考试时一样，到知县面前报到，下一个考生接着考试，以此类推。

A. 步射前

B. 步射中

C. 步射后

考试结束后，打开县衙大门，驱散聚集的人群，没有庆祝的音乐和烟火，考试结果不会当场公示，知县此时会宣布技勇的考核时间。

技勇考核通常在步射考试结束当天或者次日，于县衙举行。点名的方式

---

[1] 玦的草图。最讲究的"玦"是用汉玉做的，灰白色，带有红色纹路和绿色波纹。目前从武秀才或武举人墓中挖掘出土的玦大多呈红色，像是神灵的庇佑。

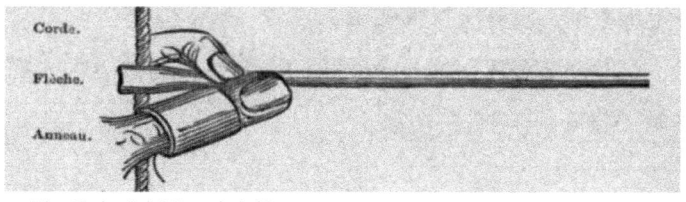

[2] 图A、图B、图C取自《武经》，南京版。

与之前一样，第一排考生在知县前面站好，依次从三种硬弓中选择一把。

左手持弓，手臂完全舒展开；右手将弦拉开，拉到脸颊，直到弦被完全拉紧，即引满或开满，一共需要开三次，随后和先前一样到知县面前自报姓名。

接下来一项是舞刀。在南京，刀至少有 8 法尺长[1]，考生需要将刀举起，在手中旋转（掌花），接着在脸前旋转（面花），最后在背后旋转（背花）。仅仅把刀举起来是不够的，还要舞起来（舞花），并且刀全程不能触地。结束后，考生跪拜行礼，并报出自己的名字。

最后一项是举石。考前的流程跟前几项考试并无差别。考生从三种号石中选一个。双手插进号石两侧的洞里，需要举高至少一法尺（石必离地一法尺），一共举三次。通常情况下，考生会把号石放在膝盖上，或者提起走几步，但最常见的还是先拿起，然后用膝盖助力上举。该项考核结束的流程与之前的考试一样。至此，外场考试结束。

四、三场

上文已经提到第三场考试也叫内场，通常在衙门的某个大厅举行，闭门考试。点名后，分发试卷，与文科考试相类似。唯一的区别是武科考生需要在封皮上的框内写上"武童"二字（参见《中华文科试实则》第 36 页）。考试主题出自《武经》，默写片段有明确的范围规定，范围规定在一百字左右。考试基本上流于形式（具文），鲜有考生可以默出，大部分人都是誊写事先准备好的小抄。甚至有人不能完整抄写，需要他人代写。考试结束后，上交试卷，有序走出考场，没有庆祝仪式。

有时，在考试结束后，知县会给出一个名单，名单上的人需要重新考核硬弓或步射（提覆），没有庆功宴。

---

[1] 译者注：1 法尺 = 0.32484 米，8 法尺约为 2.6 米。

五、考试结果公示

一到两天后，奏乐鸣炮公示长案。不同于文科的团案，考生名字绕圈写，武科榜单上的姓名排成竖列，上面涵盖了近乎所有进入下一轮考试的考生姓名。

和文科考试一样（参见《中华文科试实则》第 46 页），榜首考生可被视为已经考取武生，前十名有机会去衙门拜谢知县，但是并非强制。

武县考到此结束，候选人名额介于 60 人到 200 人。

第三节　武府考

一、考试筹备
考期；结单；八旗考生；两个担保人

二、头场
考试场地；点名；骑射

三、二场
步射；技勇；亲供单；影印图；翻译

四、三场
默写；成绩公示；第一名；前十名；学额

五、补考

第三节　武府考

一、考试筹备

和武县考一样，武府考安排在文科考试之后，考试流程基本类似，只是由知府主持，无须重复细节。

考生先去兵房购买结单，填写相关信息，内容与县考大致相同。

之于驻防旗人，武科考试与文科考试流程基本相同（参见《中华文科试实则》第53页）。他们无须参加武县考，但是要参加由副都统主持的考试，包括骑射、步射、技勇，然后被推选到知府，和其他考生一起参加武府考。

与文科考试一样（参见《中华文科试实则》第51页），保人有两个：认保，由考生邀请；派保，由学师指派。保单需担保人签字、盖章，提交兵房。

二、头场

考试当天，各县考生、学师、保人身着礼服在教场聚集，等候知府和协助考试的武官。

兵房差役负责点名。被点到名的考生答"有"，保人紧随其后大声报自己为该考生的保人。

点名结束后，开始骑射考试，十人一排，与武县考形式相同。考试成绩同样不会当场公布，只会告知下一场考试的具体时间，通常是随即开始，或稍晚一点到次日。

三、二场

二场包括骑射和技勇两项，和先前的形式与内容毫无差别，这里不再重复。

据一项在江苏省部分地区施行的条例显示：外场考试结束后，所有的考生都需要写一份公开的个人声明，即亲供单。下图就是亲供单的范例，原版为蓝字印刷，长 0.28 米，宽 0.19 米。

翻译：

"根据相关规定，外场考试结束后，武童生需要在结单上填写祖上三代名讳，用于与内场考试的结单做比较。

关于岁考，江苏松江知府作出如下说明：根据学政下发的通知，武县考开考在即，日前已令各县汇报武县考考试结果，并已确定武府考的考期。为了确保参加内场考试的考生与通过外场考试的考生为同一人（有作弊问题存在），考试结束后，所有的考生需当场写下自己的年龄、面貌、祖上三代名讳等详细信息。两份结单笔迹对比无误之后，录取结果才能生效。缺少该证明的考生视为作弊，交付审问，请大家高度重视结单的重要性。

武童生姓名×××，省份×××，县×××，年龄×××，身高×××，面貌×××，胡子×××。

曾祖父×××，祖父×××，父亲×××，教职×××，保人×××，互结×××，邻居×××

光绪××年××月××日

上交到知府。"

四、三场

点名，分发试卷，指定《武经》默写篇目。誊写结束后，交卷。

一到两天，公示入选武童生名单，以县为顺序，排成竖列。

同样地，第一名默认已考取武举人，前十名有机会前去拜谢知府。在南京，江宁七县大概有500个名额。

五、补考

先前因故无法参加武县考的考生可以参加补考。武府考开考前几日，知县会发布公告，通知补考考试地点。

考生需到兵房购买结单，但是价格要比正常考试贵得多。同样，也需要盖章。

考试的流程完全取决于知县。外场考试通常只考步射和硬弓，但是内场考试的默写也不可省略。补考在一天之内完成，第二天公布考试结果。通过考试的考生名字会接在之前录取考生名字后面。

如果一个考生通过了武县考，但是缺席了武府考，想要补考也不是难事。在学政到达之前，知府安排一天补考，流程同上。

当然，也有考生想要同时补武县考和武府考，这种情况下，在学政到达之前，武童生需要买一张价格十分昂贵的结单，然后参加两场补考，考试题目由县府和知府自行决定。

第四节　武院考

一、考试筹备
确定考期；结单；分排

二、考试
第一场考试；第二场考试；第三场考试

三、及第
红结；学额；发府；违规选录；覆试；庆祝

第四节　武院考

一、考试筹备

文科岁考后，学政公布武科考试考期。考生到省城报道，所有的保人和学师需要在考生到达之前就位。考生购买结单，填写完整，保人签字，学师盖章后，上交到兵房。

同时，各县考生分为十人一排，在考场告知考试顺序。考试当天，一大早，考生身着礼服到达考场等候学政和协助考试的武官。

二、考试

依照惯例，开考前，学政会下令让考生在先前提交的结单上签字，并交还学师。下图为结单样本，原件为蓝色印刷，长 0. 36 米，宽 0. 33 米。

武童親供單
欽命江蘇督學部院　為考試事照得
欽定中樞政考內載武童考試外場每人給親供單一紙各親書
籍貫三代年貌弓馬技藝內場筆跡等語合行循例給發
為此仰該教官飭傳與考武童飭令照例親填年貌籍貫
三代送學彙繳如有不遵定飭扣除內場其各凜遵毋違
須至單者
計開
武童　年　歲身中面　鬚　州縣廳　籍
曾祖　祖　父　府取　名　州縣取　名
光緒　年　月　日給
督學部院
限外場前二日繳

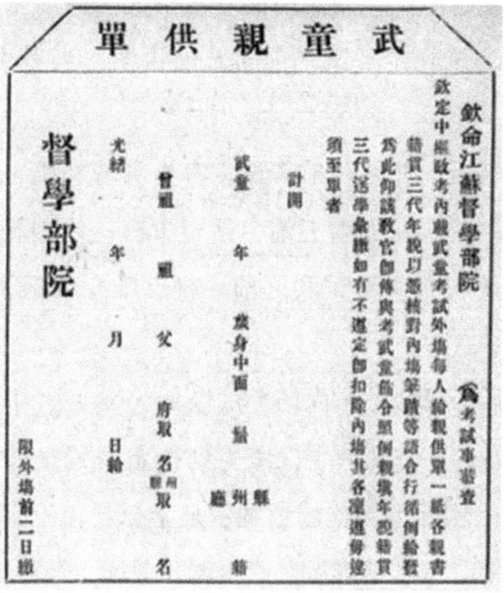

翻译：

"武举考生亲供单

监试御使大人，关于本场考试，我们已详细阅读了《中枢政考》中的相关规定：外场考试之前，分发亲供单，考生须填写出生地、祖上三代名讳、年龄、面貌等具体信息，以便与先前提交的结单做比较……遵照这一规定，我们把结单分发给学师，由他们负责跟各自的学生交流，吩咐他们填写自己年龄、面貌、出生地、祖上三代名讳；填好后回交给学师，学师收齐转交上级。任何不遵守该规定的考生都会被取消参加后续考试的资格。所有人务必重视结单的重要性。

武生×××；年龄×××；身高×××；面貌×××，胡子×××；所在县知县×××。
曾祖父×××；祖父×××；父亲×××；武府考名次×××；武县考名次×××。
光绪××年××月××日。
上交学政
结单需在外场考试前两天上交。"

点名后，开始骑射考试，同之前的考试形式。一箭未中的武生将直接淘汰，无缘后续考试。该规定考试之前学政已讲明，当考生不能继续考试时，无须再次特别说明。

第二天早晨点名后，开始步射考试。考生身着礼服，和往常一样，由知县将其划分为十人一排。每人射五箭，须至少有一箭中靶，成绩合格才可参加当天或次日的技勇考核。考试和之前一样，唯一的区别是这次排场更大，协助学政的官员更多。

外场考试结束后，学政移步内场考试场地（参见《中华文科试实则》第62页），知县负责点名，分发考卷，考生到指定位置坐好。考官给出需要默写的《武经》段落。实际上，这场考试不是十分严肃，不会默写的武生很容易找到同学代其默写。考试结束后，武生离开考场，等待成绩公示。

三、及第

次日发布录取名单，以县为次序，名字出现在榜单里的就是武生。和文科一样，武生购买红色结单，即红结（参见《中华文科试实则》第 67 页），请保人签字，学师盖章。然后像交学费一样与学师商讨入学册需缴纳的费用。

每个城市的录取名额是固定的。例如，南京下属的上元和江宁分别有 25 个和 26 个名额，包括 5 个拨府（参见《中华文科试实则》第 67 页）。武生考试不选拔类似文科考试中的佾生（参见《中华文科试实则》第 73 页）。

在某些地区，考生人数较少，出于人文关怀，考官也会接受实力相对较弱的考生以补足学额。尽管，这一行为并不符合道光六年（1826 年）下发的规定，各省学政考试武童时，务须慎加选择，如人数不敷，即行缺额，毋得滥竽充数。翻译："各省学政务要认真筛选择优录用。如果合格考生人数不够，就保持缺额状态，不得随意选择。"

名单发布后，要进行步射和硬弓覆试。继而公示一个新名单，名字顺序可能会有小幅度调整，但是没有考生的名字会被剔除。

待到录取考生聚集，即发落，武生身着蓝衫，头戴雀顶，拜访考官，致谢，领赏（参见《中华文科试实则》第 74 页）。和文秀才一样，武生报喜讯给亲朋好友，到孔庙参拜孔子，后者并非强制[1]。

---

[1] 尽管孔子是文人，但他同样是武生的守护者。因此武秀才去武庙拜关夫子的说法是不正确的（参见《中华文科试实则》第 9 页）。

第五节　武岁考

一、三年一科　岁考
必要性；免除；豁免；发落；考核方式；分级

二、岁考补考
补考方式；该考试不具备与文科考试相当的优势

第五节 武岁考

一、三年一科 岁考

文科岁考和武科考试基本是一起进行，没有选中贡生的武生也要参加，仅有以下武生可以免除考试：其一，已经考取秀才三十年或者年已七十岁；其二，在营地镇守，随营；其三，考中进士。

武秀才考试豁免的理由和文科相同（参见《中华文科试实则》第80页），但只能使用不超过两次。如果连续三次缺席，将会被革除，且不能恢复。光绪十八年（1892度）：各省文武各生，三年岁一次，无故不到，例应斥革，其有因欠考次，经学政斥革者，不得藉词援引，率请开复。翻译：所有秀才，不管是文科还是武科，都必须参加三年一次的岁考；如果没有参加，且没有充分的理由，则按例开除。如果缺席三次，已被学政革除，根据相似案例处理，秀才无权申辩（参见《中华文科试实则》第79页）。

文生考生结束后，学政公布武生岁考考期。考生购买结单，请学师盖章，通常需要付一百多枚铜钱。

考试当天，所有的武生身穿礼服，赶往考场。考试通常由当地官员（如知府，而不是学政）点名，分成十人一排，步射考试，射三箭，或者硬弓考核，紧接着就是内场考试。通常情况下，所有考核一天之内完成，考官看起来不是十分严肃。

一到两天后，公示每个城市入选考生名单，分为三个等级。发落时，一等武生、二等的前十名和本届录取武生一同去拜见学政，之后一起领赏。

二、岁考补考

如果武生缺席了岁考，必须参加补考。补考由学政或学政指派官员主持负责主持补考，内容为步射三箭和《武经》默写一段。缺考一次，即欠一次；缺考两次，即欠二次；在一次补考后，再射三箭，并另默一段《武经》。这种补考除了浪费时间和金钱没有什么意义。

需要注意的是，尽管武岁考不会选拔廪生和增生，武生始终是武生，但是考试排场和文科一样讲究（参见《中华文科试实则》第83页）。

第二章

武乡试

第一节　基础概念

一、考期和考场
考试机构；考期；恩科；考期；考场；考试场次

二、考官及其他官员
学政；主考官；副考官；督查；内部官员

三、考场分布
数量和四围

四、候选人
武生；八旗武生；翻译生员；历史时期

五、录用名额
原始数额；增加学额；总额

第一节　基础概念

一、考期和考场

举人考试源于唐朝，武则天于长安三年创立（703 年），称为武科举。到了明朝成化十四年（1478 年），在汪直的提议下正式确立，命名"武乡会试"，即武举人和武进士考试。通常与文科考试同年进行，子卯午酉年十月。

所有的考试中恩科的地位最高，武生也享有同样的特权。

考试在各省省城进行，除了安徽和直隶，这两个省的考生到南京和北京考试。此外，奉天八旗考生赴北京参加考试。

武乡会试和武童生考试相类似，一共分三场考试。头场在农历十月初五、初六、初七三天举行考骑射；二场在同月初八、初九、初十举行，考步射和技勇；三场在农历十四，考《武经》默写。如遇下雨或刮风天气，考试可能会稍稍推迟。

二、考官及其他官员

据法律规定，各省巡抚亲自担任监临和主考。雍正七年（1792 年）下令，"各省巡抚考试抚台武举时，着就近省城之提督总兵一员，同考外场，若提督驻扎路远，或因公他出，则令总督或提镇，派委副将一员代之，特谕。"

在没有巡抚的省份，总督担任监临和主考。在江南，尽管有两个巡抚，仍由总督主持。此外，在北京，外场射箭考试，皇帝提名四名满洲监临担任监射大臣，两名兵部尚书侍郎担任较射大臣，协助北京府尹和府丞。内场《武经》默写考试，由正、副两个主考官担任。

除了监临，还有提调。在北京，兵部尚书会提名四个考官，两个满族司员作为外提调，两个汉族司员作为内提调。在南京，江宁的藩台是外提调，盐巡道担任内提调。此外，提调的安排也要视该省的相关规定及主考官而定。

和文科考试一样，武科考试也有监试。在北京，皇帝会钦点四名御使担任外场考试监试御使，内场考试有两个监试御使，满族与汉族各一个。在南京，这一职位由粮道担任。

整场考试中还有其他特殊的职位：发马官，负责监督骑射跑马的整个过程；掌号官，负责向考生发号施令；记箭官，负责记录中靶的箭数；监鼓官，负责命中时击鼓；印臂官，在考生胳膊上盖章等。以上职员均为外场考试工作人员。当然，内场考试也有其特定的职位，例如，印卷官，负责在考卷上盖章；受卷官，负责隐藏考卷上考生的姓名；收掌管，负责保管试卷等，这些职位在文科考试中也有。

三、考场分布

为了避免混乱和节约时间，北京的外场考试均在同一考场举行[1]，以辰、宿、列、张[2]四字划分为四围。所以我们称其为辰字围、宿字围、列字围、张字围。根据道光二十三年下发的条令（1843年），皇帝指派主考官及其协助官员时，须同时告知他们负责的围。

在南京考场只有三围[3]，即中围、东围、西围，中围由总督和一地方长官主持；东围由内提调与督中场主持；西围由监视御使和城守协负责。其他省份，考场也以同样的方式安排，分成不同围。

---

[1] 考场在德胜门外，黑寺前。
[2] 这四个字是《千字文》的第四句，参见晁德莅《中国文化教程》（第二卷）。
[3] 在城北，人们通常叫其小营。

四、候选人

除了秀才和武监生有参加武乡会试的资格外（参见《中华文科试实则》第92页），也有一些特例。根据康熙四十八年（1709年）和嘉庆十八年（1813年）颁布的条令，旗人文童，七品或八品中书、笔帖式[1]和廪生（参见《中华文科试实则》第94页）均可参加。道光二十四年（1844年）颁布的法令提到旗人文秀才和翻译生员均可参见武乡会试，但是一经录取，他们就会失去先前的官职[2]。

南京武举科考试现场

这里我们简要提及一下驻防人员的相关历史背景。清初，参加武乡会试的

---

[1] 九品笔帖式则不享受该特权，他们需要先参加武生选拔考试。
[2] 该法令还指出驻防的八旗文举人和翻译举人都可以参加武进士考试。

考生大多是为集体荣誉而战。康熙四十七年（1708 年），皇帝下令只有汉军可以参加武举科考试。雍正初年（1723 年），皇帝特许满族驻防相同的权利，并且废除了技勇考核；雍正十二年（1734 年），该项条例被撤销[1]。最后，嘉庆十八年（1813 年），宣布驻防均可参加武举科考试，并且可以在生源地参加考试。

需要注意的是，武乡会试与没有文科考试中类似的特别加封，即官生（参见《中华文科试实则》第 113 页）。

五、录用名额

各个省份法定录用名额如下：

顺天：111 人（直隶 108 人，奉天 3 人）[2]

江南：63[3] 人

浙江：50 人

福建：50 人

陕西：50 人

甘肃：50 人

河南：47 人

山东：46 人

江西：44 人

广东：44 人

云南：42 人

---

[1] 满洲准考武场，已行十年，未见有宜用录之才，著行停止，钦此。
[2] 该数额不包括驻防；过去满洲和蒙古族有 13 个名额，汉军 40 个。但是，后来他们的名额急剧减少，咸丰五年（1855 年）下令，只招收原来数额的十分之一，如果被十整除余五，则加收一人。
[3] 过去，上江录用 31 人，下江录用 32 人，同治十二年（1873 年），军部尚书建议不再做此区分。

山西：40 人

四川：40 人

广西：30 人

湖北：25 人

湖南：24 人

贵州：23 人

共计：779 人

八旗驻防录用名额如下：

陕西：10 人

甘肃：8 人

江南：8 人

福建：7 人（满洲 6 人，汉族 1 人）

湖北：6 人

广东：5 人（满洲 2 人，汉族 3 人）

浙江：4 人

山西：4 人

河南：3 人

山东：3 人

四川：1 人

不过这些数据在今天已经没有太多现实意义，因为参加考试的人数在减少，录用的规则在不断调整。例如，咸丰五年（1855 年），顺天的录用名额就发生了变化。

咸丰初年遭遇变乱，为了补给军需，皇帝组织了一场认捐。用增加录用学额的方式鼓励各省积极参与，并且这一增加为永久性增加。皇帝昭示，认捐三十万两银子的省份，会拥有更多的文武举人名额。"咸丰三年，议准酌加永远定额，一省捐三十万两，加文武乡试定额一名。"这一条令带来的直接结果就是一些省份录用名额的大量增加，具体数据如下：

四川：20人

江苏：13人

广东：14人

顺天：10人（满洲、蒙古6人，汉军2人，直隶2人）

福建：10人

山西：10人

安徽：10人

浙江：10人

江西：10人

湖北：10人

湖南：10人

甘肃：10人

云南：10人

贵州：10人

陕西：9人

河南：8人

广西：6人

台湾：3人（至字号）

山东：2人

总计：185人[1]

为了更清楚地展示前后的变化，这里我们增加一个数据对比表格：[2]

地区	原额	加额	总额
顺天	111	10	121
江南	63	28	91
福建	50	13	63
浙江	50	10	60
甘肃	50	10	60
四川	40	20	60
陕西	50	9	59
广东	44	14	58
河南	47	8	55
江西	44	10	54
云南	42	10	52
山西	40	10	50
山东	46	2	48
广西	30	6	36
湖北	25	10	35
湖南	24	10	34
贵州	23	10	33
总计	779	190	969

表格中的数据不包括十人录取一人的旗人。

下面我们将介绍关于考试的具体信息。

---

[1] 译者注：总计应为185人，但原文为190人。现保持原文样貌，特此说明。

[2] 译者注：表中数字来自原文，与正文有出入。现保持原文样貌，特此说明。

第二节　考前

一、录遗

没有科考；录遗考期；考试方式；分级

二、准备

报名；结单；违规；宝兴费；互结人数

第二节 考前

一、录遗

参加举人考试的文生需要参加一场预备考试，即科考（参见《中华文科试实则》第97页），但是武生无须参加，因其岁考时已经完成了该项考试，这就是以岁作科的来历。

根据科考的一般规定（参见《中华文科试实则》第123页），如果武生的岁考成绩为一等、二等或三等的前十名（包括三等十名）可以直接参加武乡会试考，其余人考前需和武监生一同参加七月底和八月初由学政主持的录遗考试（参见《中华文科试实则》第123页）。文生录遗后，学政立刻择一日举行武生录遗，考试内容为步射或硬弓以及《武经》和《圣谕广训》默写，岁考中没有后者的默写。最后学政公示各个考生的考试结果。

名字出现在榜单上的考生获得考试资格，称为遗案武生，用于区别岁考中的一等武生、二等武生和三等十名，后三类被称为"正案武生"。

录遗结束后，考生回家等候十月初举行的武乡会试。

二、准备

武乡会试前，考生向学师报名，然后收到一张与结单作用相同的文书，他们需要在上面填写自己要选几力弓[1]，签上自己和五个互结考生的名字[2]。学师收集齐所有名单，整理成册，提交藩台。

---

[1] 上文我们已经提及，骑射至少为三力弓，步射至少为五力弓。该项标准由江苏巡抚陈宏谋提出，康熙准奏（康熙二十五年，1686年）。
[2] 根据雍正十一年（1733年）和乾隆三年（1738年）的布告，没有相互担保的考生均不能参加考试。

为父母守孝期间，因品行不端，在儒学册上有不良记录的武生，即注劣，不得报名，至少要等到守孝结束，即满服，且不良记录被正式删除，即开劣。

和文科一样，入选武生均可从知县处领取一笔差旅费，即宝兴费。赶考途中，他们有权在自己的小船上插一面黄旗，例如，奉旨江南乡郎或顺天乡郎。

每个省的考生人数为1000~2500人，江南地区的考生通常有2000人左右。

第三节 考试

一、第一场考试

典礼；分围；靶子；祭祀；点名；骑射；向主考官自我介绍；地球；及格；左臂盖章

二、第二场考试

主考大厅；步靶；步射；及格；非考试常规使用硬弓；舞刀；掇石；技勇考核用具类别要求；右臂印章

三、第三场考试

考生筛选；题纸；不同版本首页影印；翻译；进入贡院；主题；默写片段；誊写；复考

第二章 武乡试

第三节 考试

一、第一场考试

在南京，考前监临和其他所有考试官员同去关帝庙拜关帝（参见《中华文科试实则》第9页，注释1）。在关帝位前，行三拜九叩礼。紧接着去将台[1]祭拜英雄，一拜三叩。随后，临监宣布参与考试的各州府及其所属的围。1891年，南京考场的分配如下。

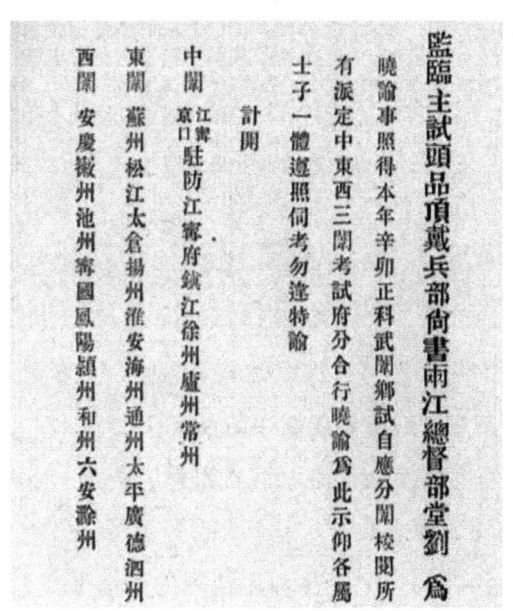

监臨主試頭品頂戴兵部尚書兩江總督部堂劉　爲
曉諭事照得本年辛卯正科武闈鄉試自應分闈校閱所
有派定中東西三闈考試府分合行曉諭爲此示仰各屬
士子一體遵照伺考勿違特諭
　計開
中闈　江寧京口駐防江寧府鎮江徐州廬州常州
東闈　蘇州松江太倉揚州淮安海州通州太平廣德泗州
西闈　安慶徽州池州寧國鳳陽潁州和州六安滁州

南京总督，刘临监，以州府为单位将考生做了如下分配。
中围：八旗驻防，江宁，徐州，庐州，常州。

---

[1] 在南京，将台就位于考场，平时作为练兵场。

东围：苏州，松江，太仓，扬州，淮安，海洲，通州，太平，广德，泗洲。

西围：安庆，徽州，池州，六安，滁州。

除了场面更加宏大，监考更加严格外，武乡会试考试流程与武童试基本一致。

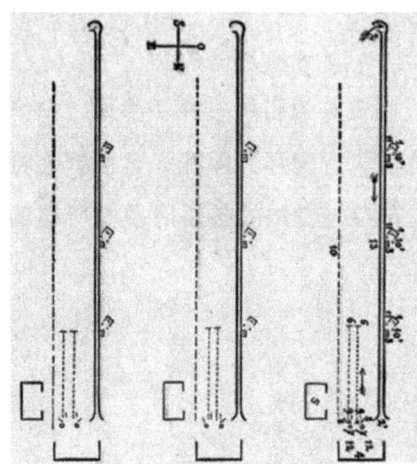

考场图示说明：
1. 记箭官所在小篷，检查射手是否命中；
2. 射手入口—2'出口；
3. 马靶底座 （同13）；
4. 考试官员所在的亭子，朝南；
5. 其他监考射技考试助理官员的篷；
6. 布制步靶，X形站立；
7. 小木桶，用于放置计算考生命中箭数的木牌；
8. 摆放木牌的架子；
9. 示意考生射击方向的石狮子；
10. 用于挡住人群的绳子、柱子、栏杆10'；
    吹号手，射手打破纪录时吹号；
11. 鼓手，骑手中靶时击鼓；
12. 技勇考试场地：举石，舞刀，开弓；
13. 考试时放置红球的小丘。

南京武乡会试考场草图

马路上分设三个马靶，官名叫表，间隔为35弓（规定的距离比实地距离长参考上文基础概念)[1]。这些圆柱形马靶高6法尺5法寸，周长4法尺5法寸。每个靶子旁边有一个小篷，篷里站着记箭官，负责记录射中的箭数。还有几个小吏在考生射中靶时敲锣擂鼓和扬旗示意。

在南京，考试前很多武生会在马场前跪拜，烧香，点蜡烛。也有一些人会献一只鸡作为祭祀，方式如下：一个人切掉鸡头，另一个人拉着绑在鸡身上的绳子，把鸡血洒在马道上。这种迷信行为仿佛是在乞求马场神灵庇佑，消除意外，保佑顺利。

考试当天，凌晨4点，放一炮；接近五点时，放两炮，这时考生需要身穿礼服赶往考场。六点左右放三炮，临监与其他辅考官员到场。

---

[1] 据测量，南京考场两靶之间的距离只有45米。

第二章　武乡试

点名，十人一排。在南京，点名的亭子位于临监东侧。（下图为点名册的样本图，原件的边框和信息为蓝色印刷，考生的名字、年龄、外貌特征为黑色手写，长0.27米，宽0.22米。）

点名后，第一排考生到发放马匹处报道。

马上考生

第一个考生腰挂三支箭，上马，驱马奔起，射第一箭。如果射手射中，且箭留在靶上，旗鼓手击鼓和扬旗，记箭官记分。（如下图，原件为蓝色印刷，黑色手写，长0.27米，宽0.23米。）

点名册

步馬				步馬			
弓三				弓三			
五力				五力			
力				力			
開弓	步箭	地球	馬箭	漢仗	開弓	步箭	地球	馬箭	漢仗

（表格，略）

记分簿册

武乡会试（南京）武生奔驰马场，准备射击

如果箭仅触靶，但是未停留在靶上，将不会被记录。射手继续射击第二个和第三个靶子，三箭射出，在马上大声报出自己的名字，之后下马，将马交还马夫，手持弓[1]，恭敬地来到临监前，跪拜的同时自报姓名，然后回到

---

[1] 有时候主考官会检查弓的状况（抽验），看弓是否是紧绷状态。

上马的地方。

头排剩余九人按照同样的方式依次完成考试；然后重新开始，因此每个考生都需要跑两圈，在临监面前自我介绍两次。从前还需要再重复一次，乾隆皇帝听取江苏巡抚陈宏谋的建议，采纳了现在的方案，只重复一次。

第二排的考试紧跟第一排，以此类推，考试流程相同，直到最后一排。

除了上文提到的射箭考试外，武乡会试有一个新的考试项目，就是射球。我们把这个球叫作地球，大小如南瓜，高0.6米，直径约0.3米。外表用皮包裹，被油漆刷成亮红色，十分耀眼。填充物主要是大米，并有少量的沙子用于增加重量。每条马路上只有一个地球，放置在凸起底座的正中间。

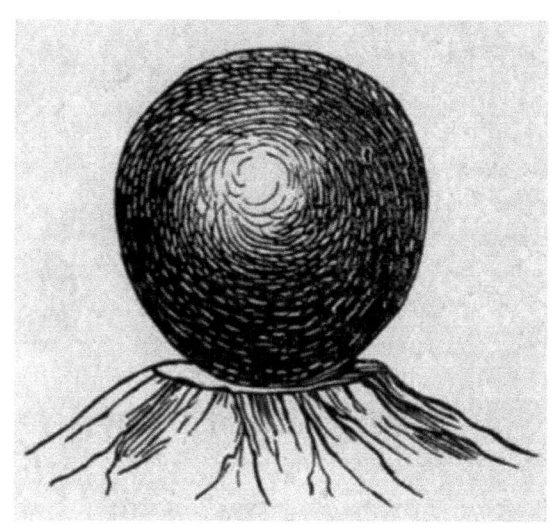

用于击倒球体的箭重119克，长1.08米，箭身呈自然木色，带羽毛的部分被涂成了红色。箭头是圆的，用皮包着，最大直径为AB的长度为0.065米，像个圆盘，CD的长度为0.045米。

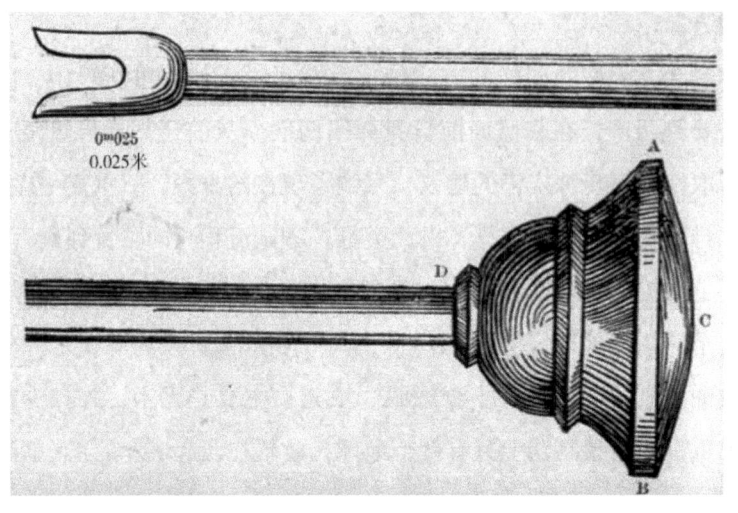

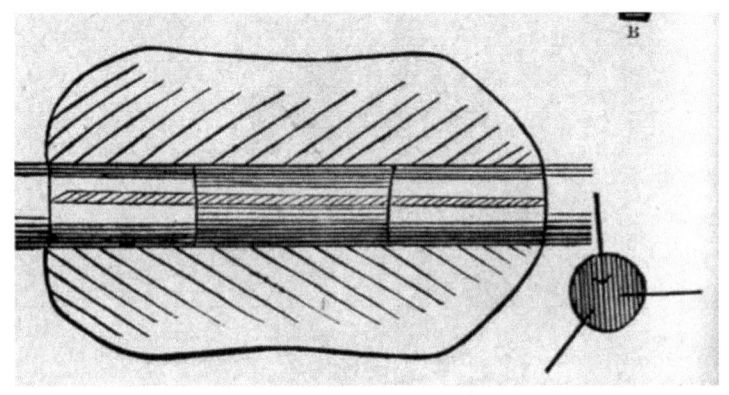

带羽毛的部分 0.33 米　　　切面——羽支 0.06 米

射击过程中，不仅要射中地球，还要将它从底座上击落。所有武生按照之前的考试顺序。射手不再直角射击，而要偏一点头（如下图）。从侧面击中的时候，球很容易转动，若是射中正中间，球会马上掉落。如果球从底座上掉下来，旗鼓手击鼓和扬旗。射手立刻自报姓名，下马，到临监处报到，再次跪拜，并报上自己的名字。

第二章　武乡试

马上的武生

武乡会试（南京）
考生瞄准地球

简单来说，每个考生一共需要射七箭，其中六箭射靶，一箭射地球[1]。

---

[1] 有一个常见的错误认知，即未射中地球的考生会被直接淘汰。嘉庆十二年（1807年），皇帝特意颁令强调："武围地球一项，宜统马箭总算，不得以地球未中，概行黜落。"

如果七箭中有三箭射中，则为成绩合格，即可作为参加后续考试的最低标准[1]。

考试合格的武生，在最后一次跪拜临监和自报姓名后，走到旁边的工作人员面前，该工作人员专门负责在武生左臂上盖章。武生务必小心保护，这是他身份的证明和继续考试的凭据。

在过去，印章盖在脸上。雍正十一年（1733年），皇帝下令强调："面上所用印记。毋得洗去。"但是安徽巡抚高晋认为如此盖章，既不美观，也不容易保持，提议将印章盖在胳膊上。乾隆皇帝采纳了他的提议（乾隆二十一年，1756年）。得到印章的考生获得后续的考试资格，第一轮考试至此结束。

二、第二场考试

在详细介绍第二场考试之前，有必要先介绍一下临监和其他官员主持考试的大厅，以及官方步靶的参数。

在南京，临监和总督坐在朝南大堂正中的位置，身穿礼服的武举人和武进士平行分坐两侧，一列六至七人，负责核验武生自带弓的硬度（力数）。在他们旁边有一个类似伞托的支架，插有六根棕红色木棒（筹）和一个黑色圆木桶。

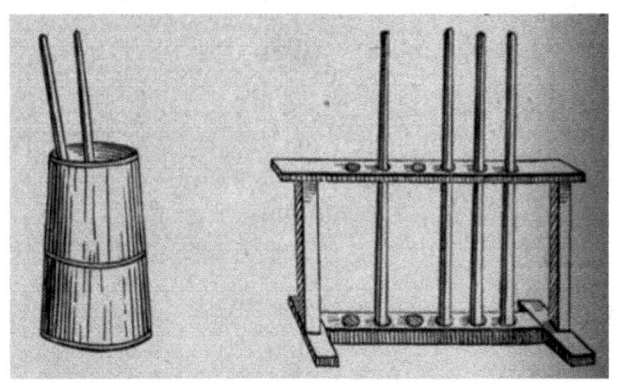

---

[1] 这一提议由陈宏谋上奏，前文已提及，乾隆皇帝准奏（乾隆二十五年，1760年）。

第二章 武乡试

步靶的官方名称为鹄,高 5 法尺 5 法寸,长 2 法尺 5 法寸。过去摆放在距离射手 80 弓的位置。康熙三十二年(1693 年)下令改为 50 弓。乾隆二十五年(1760 年),在陈宏谋的倡议下缩短为 30 弓。

和往常考试一样,一大早考生赶往考场,点名,分成十人一排,考生展示左臂上的印章。考试内容为步射,两个人一起进行。两个武生,左手持弓,腰挂六支箭,拜见临监,一个在左,一个在右,脸面向西。地上的小石狮子示意考生射击目标。考生保持直立,从背后抽出一根箭,岔开双脚,目光瞄准靶子。拉弓,射箭,放箭后仍保持射箭姿势,然后重新站直。箭很轻,如果考试时刮风,会在风中飘动,这一点要看运气。

如果中靶,步靶旁边的工作人员记分,鼓手击鼓,临监旁边的官员从支架上取一根筹放在圆木桶里,方便核对考试成绩。以此类推,考生以同样的方式射出六箭[1]。

在过去,一排十个考生,依次先射第一箭,十人均射完第一箭后,开始第二轮,以此类推,射击六轮。乾隆五十一年(1786 年),在广西巡抚孙永清的提议下改为:一个考生完成六箭后再轮到下一个考生,以此类推,六箭中两箭即为合格。

刚刚我们已经提到,该考试为两个考生同时考试,但是他们无须同步射箭。只要其中一人完成了考试,工作人员即可统计木桶里筹的

---

[1] 过去考生需要射九箭。本书目前实行的六箭制由江苏巡抚陈宏谋提议,乾隆皇帝准奏(乾隆二十五年,1760)。我们发现当今射击考试的规则大多由陈宏谋倡议实施。

数目，大声向临监报告考生的分数。考生到临监跟前，屈膝跪拜，自报姓名。余下考生按照同样的方式完成考试，不再一一赘述。

技勇考核紧跟步射考试之后。点名后，第一排十名考生前往主考大厅，面见临监。第一个考生选择一种弓。这里需要指出，除了常规的三种弓：一号十二力弓、二号十力弓、三号八力弓，还有另外三种：十三力弓、十四力弓、十五力弓[1]。（参见后文注释）

武乡会试（南京）
两个考生瞄准步靶

武乡会试（南京）
步靶

---

[1] 这三种弓不是考试规定范围内的弓。因此，如果我们在考试报告上看到出号弓或者开出号弓，这说明考生除了可以打开三种常规弓，还可以打开硬度更强的弓，即十三力弓、十四力弓、十五力弓。

**武乡会试（南京）
考生瞄准的步靶**

考生在六种弓中选一把，被选择最多的是一号十二力弓。考生左手握住弓的正中，手臂伸展开；右手拉弦，松开，重复三次，然后跪拜临监，自报姓名。后面考生如此依次进行考试，直到所有考生考完。

硬弓考试结束后，第一组考生移步室外已经安排好的舞刀考核场地。

第一个考生选择一把刀，通常是 120 斤。考生把刀举起，先是双手，后为单手，或是在头顶舞动，或是在背上舞动。考试时间为 2~5 分钟。考生一旦拿到刀，需要牢牢握紧，如果因力量或气息不足导致刀触地，考生就会触犯考试规则，被淘汰出局。与之前的礼节一样，考试结束后，考生跪拜临监，同时自报姓名。

舞刀考试结束后，就是举号石，号石同样有三种规格。号石旁边竖一根尺子（椿），用于标记号石需要举起的最低高度，也就是人们常说的石必及椿。

考生用双手将号石举起，通常一号石重 300 斤，大部分考生会借助膝盖支撑以达到理想的高度。和先前一样，考试结束后，考试跪拜临监，自报姓名。

在南京有些考生会把号石放在他们的膝盖上，邀请互结考生在号石上放重 120 斤的一号刀。支撑这一重量的同时，微躬身在纸上写下四个大字，如"指日高升"或"恩深雨露"等。放下号石和刀后，考生把题词献给临监，同样需要跪拜和自报姓名。

值得注意的是在以上三项技勇考核中，根据乾隆皇帝颁布的法令，如果考生选择第三号工具，也就是最容易的一类，将无法满足考试的最低要求。考生必须有驾驭一类或者两类考试工具的能力，否则将会被淘汰。例如，一号弓和刀搭配二号号石，或者全部选择二号。道光十三年（1833 年），皇帝下令，如果考生选择了三号弓，即八力弓，并且不能举起一号刀和一号号石，将会被视为考试不及格，不能继续参加后续的考试。

所有考试都及格的考生，在跪拜临监后，到负责盖章的官员处在右臂上盖章，获得第三场考试的考试资格。

乾隆四十五年（1780 年）下令：考试硬弓，原以十二力为头号，近来士子每注十七八力,及至校试,类皆勉强从事,并竟有不能者,殊属无谓,嗣后注册,即有能过头号弓十二力以上者,亦不得过十五力,著为令。为了响应该法令,道光十五年(1835年),云南某考生被记录为可以开十六力弓,该省巡抚同时也是临监遭到贬黜。

三、第三场考试

第二场考试结束后,监临和提调一起在考试成绩单好和双好的考生中作进一步筛选,根据道光十一年颁布的条令(1831年),比例为22∶100,如果不能找到合适比例,则减少。选好后,根据乾隆五十三年(1788年)下发的条例,主考官须将名单公示,并告知选中考生可以继续参加内场考试,未被选中的考试名单也要公示,并注明未选中的原因。

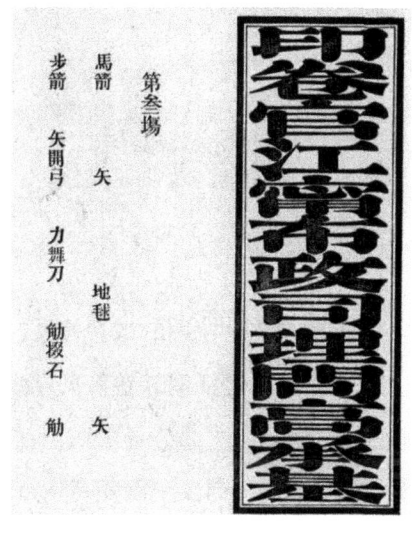

选中的考生需要随即去兵房花六十个铜钱购买试卷,之后会给试卷加封皮。试卷原本为红色印刷,内框长0.27米,宽0.08米,外侧总长0.31米,宽0.11米。

封皮黑字印刷,规格大小一致,留有空白填写骑射和步射得分、拉开硬弓的力数、举起刀和号石的重量。空白无须考生填写,有专门的官员负责[1]。

兵房为考生提供填写的模板,考生依照模板填写第一页信息,姓名、出生地等。填好后,上交兵房,相关工作人员在题纸上填写考试座位号。

---

[1] 在顺天,该任务由监试御史来完成。

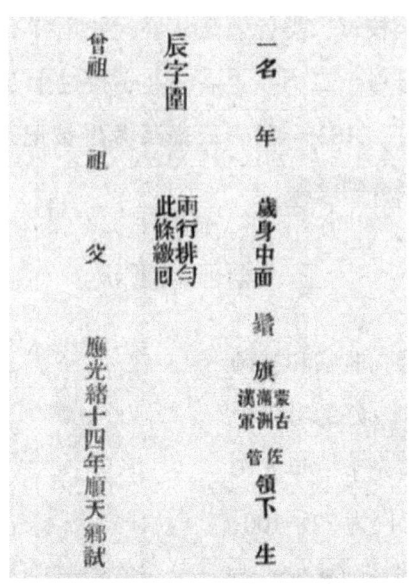

上图为北京使用的试卷首页,红字印刷,长 0.27 米,宽 0.11 米。

下面一张是江南试卷首页样张(长 0.27 米,宽 0.11 米),标记 A 的是正面,翻译如下:"第三场考试,江南×××省×××市,考生类型×××(武生或武监生等)。每一列汉字需要写到每页底端。

下面是页面 B 的翻译(长 0.27 米,宽 0.11 米,侧边空白 0.06 米),A 页的背面写着:

"江南×××省×××市:考生×××,江南武乡会试,光绪十七年;本人无不良作风,不在守孝期,无犯罪记录,没有顶替他人,未谎报姓名、出生地、祖上三代名讳。

1. 考生年龄××岁,中等身高,××脸,××胡子;

来自××省,住在××市,或者××村。

2. 曾祖父姓名××;祖父姓名××;父亲姓名××。

3. 研习《武经》。

第二条信息上还要注明祖上三代在世还是离世。

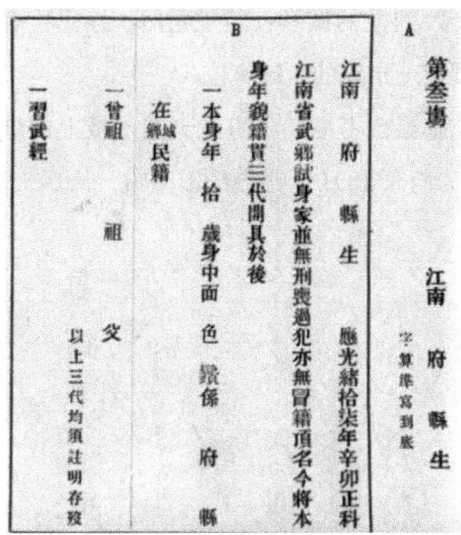

江南考生试卷首页

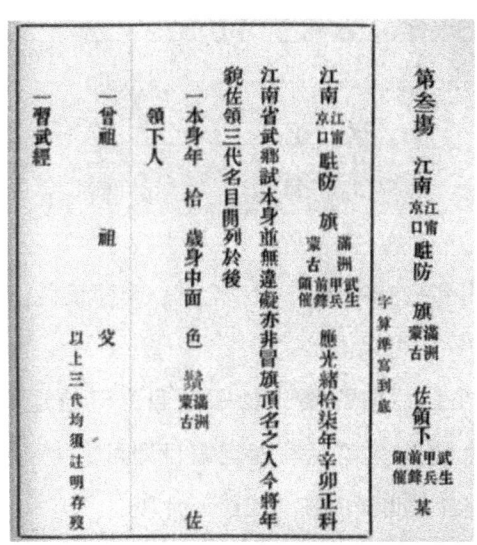

江南旗卷首页样张

农历十月十四在贡院前点名。在南京,点名在东路和西路同时进行。上江考生去贡院东路,下江考生和驻防去贡院西路。

点到名的考生会收到他的试卷：经过龙门，接受检查，展示两只手臂上的印章。然后找到试卷上指定的考试座位。

点名的时候，监临给出考题，将事先刻在木板上的试题印在题纸上，分发给考生[1]。下图为南京1891年考题的影印图，长0.55米，宽0.45米。

> 光緒十七年舉行辛卯正科
> 第叁場
> 默寫武經章句
> 然則一軍之中必有
> 虎賁之士 起
> 至
> 能審
> 料此可以擊倍 止

翻译：光绪十七年（1891年）武乡会试，辛卯正科，第三场《武经》默写，"然则一军之中……可以击倍"。

在过去，考生在默写前需要先抄写题目，但是这一规定在同治初年（1862年）被废除，考生只需默写指定篇目即可。为了让读者更好地体会《武经》的价值，笔者在此释译该《武经》片段。

---

[1] 在顺天，巡抚于考试次日要将考题上奏皇帝。

第二章 武乡试

> 然则一军之中，必有虎贲之士，力轻扛鼎，走轻戎马，搴旗斩将，必有能者，若此之等，选而别之，爱而贵之，是谓军命。其有工用五兵、材力健疾、志在吞敌者，必加其爵列，可以决胜。厚其父母妻子，勧赏畏罚，此坚阵之士，可与持久，能審料此，可以击倍。

翻译："在军队中，定有勇猛如虎的士兵，可以毫不费力地举鼎，奔跑速度如战马；定有战士能拔敌人旌旗，斩敌人将领；将这等人才从平庸的人中挑选出来，珍惜他们、尊重他们，这就是用兵精神之所在。定有士兵，使用五兵游刃有余[1]，健硕、敏锐、力量与智慧过人，时刻准备着吞灭敌人，此等兵需加官晋爵以长其必胜的信念。此外，还应厚待他们的父母和妻子，使他们被奖赏、激励，被处罚、约束，这才是一支可以长久抗敌的军队。如果军队的统领可以对此了然于心，定可战胜比自己军队多两倍的敌人。"

《武经》默写并不严厉，考生经常可以得到他人帮助。进士赵翼在他的作品《檐曝日记》（参见《中华文科试实则》第199页）中记述了1765年自己担任北京主考官的经历。参加内场考试时，有不少"其策有极可笑者"，如因携带小抄字体过密，自身文学素养又不高，将"一旦"二字多做"亘"字，"丕"字又做"不一"。但是，这些考生的外场考试成绩十分优秀，又不得不录用他们。

---

[1]《周礼》中记载：车之五兵，戈、殳、戟、矛、夷矛；步卒之五兵，无矛夷，而有弓矢。但是文中此处的五兵指的是戈、殳、戟、酋矛、弓矢，所有古老的兵器。在此处看到这些古老的兵器并没有什么好惊奇的，这段文字选自《武经》，该书的作者吴起就生活在周朝（公元前1122年—公元前249年。

默写过程中,考官会当场宣布覆试名单。交卷后,名字出现在名单里的考生继续留在考场,这就是人们常说的留堂;名字没有出现在名单上的考生,交卷后会拿到一个小木板,出门时交给门旁的工作人员。覆试内容不是技勇就是步射,即从考场往龙门方向射箭。如此从里向外射出的箭,俗称阴功箭。

　　覆试结束后,考生与往常一样,得一木牌,出考场。至此,第三场考试结束。

第四节　试后

一、划分等级
分数；选择规则；默写的价值；准备榜单；流弊

二、发榜
名单影印；翻译；呈送样册；题名录样册

三、荐拔后
磨勘；亲供；鹰扬宴；流弊

第四节　试后

一、划分等级

考生上交考卷之后，试卷写有考生姓名的第一页就会被折叠并封印（弥封）。然后由特定的官员根据考生的座位在考卷上盖章，打分——单好或双好。此外，他也负责在封皮上登记骑射命中靶数、是否击倒地球、步射命中靶数、硬弓选择的力数、舞刀和号石选择的重量。所有成绩都仔细标明后，将试卷转交主考。乾隆三十六年（1771年）下令，如果主考想要在题纸上填写分数，需要使用黄色墨水笔，盖章需用紫色。

主考一般根据外场成绩来决定奖赏。道光十三年（1833年）下令，取中试卷，先于双好字号内选取，如不足额，再于单好字号内选取。如果阅卷官将双好搁置在一边，而从单好考卷中挑选，会遭受相应的惩罚，道光十四年（1834年），桂龄和龚铠就是十分典型的案例。

《武经》默写并不具备重要意义。道光帝感叹（道光十三年，1833年）：武科之设，以外场为主，其弓力强弱，尤足定其优劣，至默写武经，又其余事，断不能凭此为去取，若以默写武经为去取，则是重其所轻。尽管默写流于形式，还是有三种情况会使考生失去录用资格：①不会写字，即不能写；②考卷涂画严重，无法辨识，即涂写；③试卷倒用，即倒写。根据嘉庆十二年（1807年）和同治初年（1862年）颁布的法令，以上三种均属违试行为。不管考生的外场考试有多优秀，触犯以上法令的考生均不会被录取。主考官记录完所有考生的成绩后，开始准备榜单，通常在第三场考试结束三四天之后公示。考官展开折叠起来的首页，从第六名开始，一人负责在录条上写考生的姓名、排名和出生地，另一人大声念出上面的信息，接着将录条呈给主考，主考再把它交给抄录官，将考生的名字写在榜单上。和文科的榜单一样，榜两端装饰龙虎，因此我们称为龙虎榜。

从第六名开始，所有优胜者的名字都录入榜单，这时会点亮大厅里的蜡烛，即五花烛，抄录官在顶端空白处从第五名开始写上前五名优胜者姓名（五魁）（参见《中华文科试实则》第153页）。当写到第一名时，所有的差役手持一根点燃的蜡烛照亮抄录官[1]，因此得名解元烛。民间也流行着一种迷信的说法，将蜡烛保存在家中，遭遇意外的时候拿出来点亮可以逢凶化吉。

二、发榜

主考在榜单上签字和盖章后，在乐声和礼炮声中，官员和军队一同将榜单护送到榜篷，悬挂公示三天，之后摘下交给藩台归档。

下图是1891年，南京举人榜样本，不算首尾用于装饰画有龙虎的两页，一共有二十余页（参见《中华文科试实则》第153页，注释2）。原本上红色的评级和文科举人是一样的（参见《中华文科试实则》第155页）。值得注意的是，武科考试，不选拔贡生，也没有相应的副榜（参见《中华文科试实则》第156页）。武举人提名与文科一样，例如，第一名是武解元，前五名是武经魁等。

---

[1] 这种形式的礼节十分常见，录完名字后，旗鼓手在官员面前，拔掉大厅里所有的蜡烛，这些官员不仅不会生气，还为此感到高兴。

翻译：

两江总督：光绪十七年（1891年），在江南举行了乡武举人考试。根据上级分配的学额，共需选拔63人。外加广定额，江苏18人，安徽10人。除此之外，依照规定，录取考生中应有8名旗人，本次考生数较少，逢十取一，有7人入选，录用总数为98人。现公布考试结果，新一届录用的武举人如下：

第一名：李殿元，亳州武生；

第二名：宋殿梁，沭阳县武生；

第三名：程定邦，阜阳县武生；

……

第九十八名：萧连元，阜阳县武生；

光绪十七年，10月27日。

监临需要写一篇前序，提调需要根据《武经》默写片段主题写一篇后跋。这两篇文章连同原文一起刊印成小册子，我们把它称为武乡试录。此外，主考官还需注意嘉庆六年（1801年）颁布的条令，考试主题需要和举人姓名、年龄、中靶数、技勇考试所选的工具类型一起刊印成册，第二个册子叫作武题名录。

下图为1885年，南京武题名录的一页，长0.24米，宽0.15米。监临会把每个考生的两本样册呈给皇帝，然后移交兵部。

三、荐拔后

兵部收到各省的武乡试录和武题名录后，于第二年农历四月举行复验考试，即磨勘，然后将考试结果上奏皇帝[1]。磨勘十分严厉。道光二十七年（1847年），考官发现有七名来自甘肃的举人选择了八力弓，二类刀和三类石，我们上文已经提到这种情况是不被允许的。他们被带到皇帝面前，免除现有官职。同样，在光绪十四年（1888年），监试御使成斌，北京宿字围监

---

[1] 在北京，这些考试在发榜后立即举行。

试，因故意在封皮上错填考生命中的靶数、技勇三项考核所选的工具，遭贬黜。

名单公示的第二天，新晋武举人，至少江南、江西、湖北的举人都要前往贡院[1]手写[2]一份亲供，包括中举的年份、姓名、出生地、年龄、身高、祖上三代名讳等。根据嘉庆六年（1801年）的规定：所有考生材料均需要复核。监临需要仔细将亲供、武乡试录、武题名录、考生分数转交兵部。据乾隆二十六年（1761年）颁布的条例，没有提交亲供的考生不得参加后续考试，如果有人执意不交，总督或巡抚上报兵部惩治。

发榜后，会举办一场官方宴会，即鹰扬宴。在南京，宴会的地点设在贡院。监临和其他考官一同将身着礼服的新举人引到皇帝面前。武举人先向皇帝行三拜九叩之礼，然后再跪拜监临和提调。在南京，举人每人会得十两赏银，人们称为杯盘银。

行完所有的礼后，去参加乐声中的宴会。在畅饮完最后一杯，监临起身，鼓手和差役手里都拿着刚刚使用过的餐具，这就是大家常说的抢宴，场面十分吵闹，但已成为陋俗。中举六十周年的人也会被邀请，这就是人们常说的重赴鹰扬宴。宴会结束后，举人回家，拿着一张黄色录取公文与亲朋好友分享中举的喜悦。

---

[1] 在北京，举人前往顺天府书写亲供。
[2] 举人也可以邀请他人代写。

第三章

武会试

第一节　基础概念

主题划分；考期；一系列考试；主考官与考官；
咨文；公车费；兵部；学额

第一节　基础概念

尽管武生不需要参加朝考，但为了获得武进士的头衔，仍需参加两门考试。预选拔的考试叫武会试，决定性考试是武殿试。参加这两场考试前，考生需先完成覆试，第一场是武乡试，第二场是武会试（参见《中华文科试实则》第 169 页）。

会试与文科考试同年进行，即丑、辰、未、戌年的农历十月[1]，与武乡会试的日期相同。只在北京设立考点，分为三场考试：头场、二场、三场。

文科会试的监临叫知贡举，武科会试的叫知武举，由皇帝从汉人中钦点。外场的考官有监射大臣和较射大臣，内场考试有主考官，监试御使担任监试，所有的考官均由皇帝钦点。在顺天，其他考场工作人员的数量及其相应职责与之前的武举考试一样。

会试结束后，便是殿试，由明代崇祯皇帝设立（1628—1644 年），考试在农历十月举行，殿试由皇帝或者皇帝委派的亲王主持。

有意参加殿试的考生，需要先向县兵房提交申请，后续会收到巡抚下发的咨文和公车费。顺治八年（1651 年）还另授予云南和贵州的考生使用驿马的权利。乾隆四十二年（1777 年），皇帝特许新疆考生拥有同样的权利。考生进京赶考时可以在他们的船或者马车上挂一面写着"奉旨兵部会试"的黄旗，兵部负责操办殿试事宜。1889 年，共有 5347 人报名参加会试，其中只有 135 人被录用。

---

[1] 咸丰九年（1859 年）将考试时间改为农历九月初八，同治一年（1862 年）又将考期推迟到农历十月。

第二节　武会试

一、武乡试覆试
道光帝与咸丰帝颁布的条令；强制；流程；惩罚

二、武会试
乾隆皇帝的措施；四围的分配；考试；覆试；学额；补考；筛选

第二节　武会试

一、武乡试覆试

道光十五年（1835年）下令，兵部发榜和磨勘考试结束后，顺天的举人需要立即参加覆试。武举人覆试从前一直在北京举行，地方省份没有。直到咸丰六年（1856年），在监试御使李培祜的提议下才扩展到地方。

覆试考试十分严格，三次无故缺考者，褫夺举人称谓，贬为武生。不过，如果考生有意愿，可以重新参加举人考试。

考生在农历八月初一至农历八月十五之间抵京，将咨文上交兵部；然后会收到一份文书，作为凭证。考生需填写文书空白处，如出生地、祖上三代名讳、同省五个互结担保人签字、弓的力数等。在规定的日期，把文件亲自交给过堂，用于点名。

皇帝会指派两到三个监试大臣核实考生武乡试的成绩。如果覆试中，考生选弓的力数、舞刀的重量、举石的重量与之前的成绩不相符，就会被淘汰，无缘后续考试。在后面的考试中，无须重复该规定。如果连续三次考生都不能达到他先前的水平，就会被免除举人之称，仍然只是武生，享有参加举人考试的资格。覆试成绩合格的考生，获得参加会试的资格。

二、武会试

在我们刚刚谈及的覆试确立之前，乾隆二十五年（1760年），皇帝下令，所有武举人都必须参加会试，并且三次无故缺考的考生会受罚或遭贬。理由充分者，总督或巡抚需上报兵部。考场以省份为参照划分为四围，如何让各省考生分开考试，这在北京一度是个难题。

第三章　武会试

农历九月初五、初六、初七，三天考骑射、射马靶和射球；农历初八、初九、初十，考步射和技勇。考试流程和武乡试毫无差别，唯一需要指出的是在兵部主办的这次考试中使用的刀、号石的重量、弓的力数都必须严格依照规定。

农历十一，在成绩双好和单好的考生中，以 22：100 的比例进行筛选。每个围单独公示考生名单，去贡院参加覆试。通常情况下，四个围加起来有 400~500 人。

农历十二，准备试卷，考生在封皮上填写姓名、出生地等信息。

农历十三，知武举和主考官进入贡院。

农历十四，草榜上的考生要先参加一场硬弓覆试，然后随即考《武经》默写。

农历十五，知武举向皇帝汇报《武经》默写情况。

最后，知武举以民族或省份为参照，向皇帝报告从"单好"和"双好"中选拔出来的考生数额，由皇帝决定每个民族或省份优胜学生数目。

样本如下：

在皇帝确定学额后，整理和公示优胜者名单，设庆祝宴会。榜单上的第一名叫武会元；前五名叫武会魁，其余的叫武贡士。落榜考生可以去兵部报道，申请入营，领取少许酬金，谋个军职，如千统。如果考生能力与该职位匹配，兵部会择日为他们安排一场考试，用于筛选和分等级，即拣选等第。

1894年，兵部下发如下公告：兵部示，甲午科会试拣选落第武举等第，本部定于十月二十三日具奏，所有赴拣武举等知悉，是日黎明自备马步弓箭，赴东安门内，正白旗侍卫教场，听候点名考试，勿得自误，特示。

第三节　武殿试

一、武会试
复核；覆试方式；惩罚

二、武殿试
官员；主题；筹备；仪式；皇帝主持考试；惩罚；嘉庆帝和道光帝颁布的条令；奴才

三、赐及第
典礼；发榜；任命；不同的官职；护卫队；会武宴；补贴；谢恩表

四、授官
发榜；三旗配额；结束语；结论

第三节 武殿试

一、武会试

考生名单公示后，复核官仔细对比主考官记录的分数与题纸封皮上填写的成绩，皇帝指派两到三名监试王大臣再次审核（武贡士覆试）。该项考试确立于乾隆四十年（1775年），农历九月二十五和二十六举行。

阅卷官尤其要关注技勇考试成绩，核实掇石、舞刀、硬弓的成绩是否与最后一次考试的分数一致。一旦出现不一致的情况，将取消考生殿试资格。如若下次参加殿试，考生需提前参加成绩出现偏差项目的考核。如果不一致的情况连续出现三次，在过去会被直接贬黜，从道光六年开始（1826年），只免除考试武贡士之称，保留武举人身份，仍享有做武官的权利，但再无机会考取进士。覆试合格的考生获得殿试资格。

二、武殿试

殿试的前一晚，也就是农历九月的最后一天，皇帝会钦点四名读卷官、四名监试官、四名受卷官、四名弥封官、四名收卷官和十二名填榜官。

兵部在试卷上盖章，读卷官选择《武经》默写的主题，上奏皇帝批准。皇帝批准后，交付印刷，由六个雕刻工和五个印刷工完成。

同一天，在太和殿西侧准备一张桌子，覆盖黄毯，用于接收题纸；另设一张桌子在大殿门前廊柱中间，两侧柱子的外侧摆设考试时用的小桌。

农历十月初一，一大早，内阁大臣带来题纸，摆放在太和殿西侧的桌子上。考生在兵部和鸿胪寺官员的引导下从午门入宫，在太和殿前，面对面分站两列。读卷官和其他官员也在场。内阁官员拿起桌上题纸，走到大殿门前，兵部大臣跪接题纸，起身走到大殿的柱前，在黄毯覆盖的桌子前下跪，然后将题纸放在桌子上，三叩首。传令官一声令下，读卷官和其他官员行三拜九叩儿，考生重复相同的礼节。仪式结束后，兵部大臣分发试卷，考生跪接题纸，拿到后，三叩首，考生到指定座位默写《武经》，受卷官收卷，弥封官遮盖考生姓名，最后交给读卷官。

次日，农历十月初二，兵部官员将考生带到紫光阁和箭亭，训练他们即将参加的典礼的礼节。

农历初三，皇帝出太和殿，过福华门，所有考生跪此等候，皇帝入紫光阁，手持黄册，亲自主持骑射和步射考试。主考官、读卷官、兵部大臣身着礼服，分立在殿东侧，面朝西。每个考生在皇帝面前完成三箭骑射和两箭步射。考生射箭之前，满洲兵部大臣到皇帝面前屈膝，大声报：新中武举某马射。步射也是一样，考试中靶，鼓手击鼓示意，考官在小木桶里放一根筹。射箭考试结束后，皇帝从福华门返回，考生皆跪在两旁。

农历十月初四，兵部大臣将考生带到景运门外，跪在皇帝经行的道两侧。皇帝从箭亭出来主持技勇考核。考生十人一排，借助硬弓、大刀、号石展示他们的能力，和会试的考试流程一样。如果考生的考试成绩和之前的成绩有所偏差，或者考生不能达到规定的最低标准，将会被本场考试淘汰。下次考试需参加补行殿试。这也是区别于文科殿试的地方（参见《中华文科试实则》第169页）。

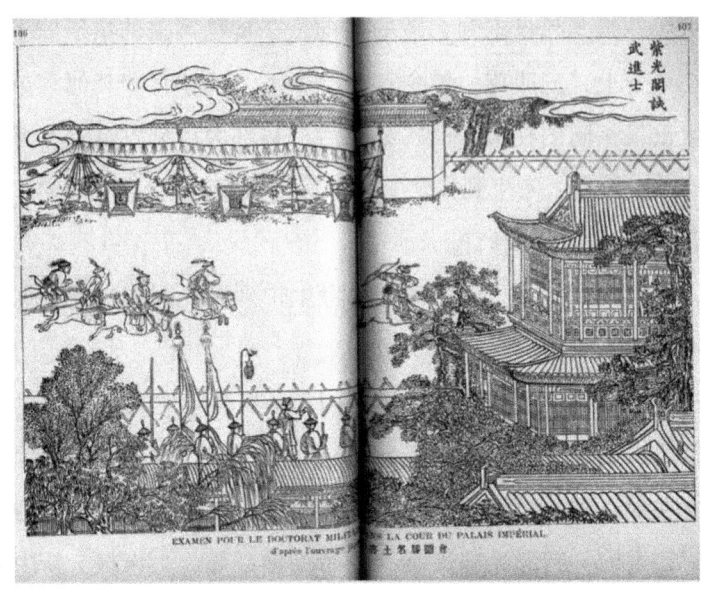

关于惩罚措施，皇帝颁布的条令如下：

朕本日殿试中式武举弓刀石内，弓力不符之直隶某某、山西某某、四川某某，刀力不符之广东某某、云南某某，均着罚停殿试一科。

考试中，任何考生不得要求开超出考试规定力数的弓。嘉庆帝有一次主持技勇考试时（嘉庆十年，1805 年），安徽考生孙文涌开完十二力弓后，恳请准奏开十四力弓。皇帝大怒："该考生若可开十四力弓，为何不在会试或覆试中提出请求，竟如此胆大妄为在朕面前临时提出，实在荒谬至极。鉴于首次就犯，姑且饶之。"这一做法很快被明文禁止。道光五年，皇帝在考场下令，任何考生不得以展示技艺为由向监试王大臣或者其他大臣请求开其他的弓或力数更高的弓。

依旧是这一天，皇帝回殿后，兵部亲自带走考生。根据咸丰二年颁布的法令（1852 年），新晋进士需自称奴才。皇帝将考生按等级划分，读卷官负责准备榜单。

三、赐及第

农历十月初五发榜，太和殿月台上分列身着朝服的监试王大臣和一品大臣。其他文武官员，同样穿着朝服，站立庭院里。在他们后面的是新晋进士，身穿礼服，头戴三枝九叶顶（参见《中华文科试实则》第 191 页）。内阁大臣将黄色榜单放在大殿左侧的桌子上。

皇帝驾到，音乐奏起。读卷官和其他所有官员行三拜九叩礼。内阁大臣拿起榜单，交给在月台等候的兵部大臣，大臣下跪接榜，后把它摆在月台正中间的桌子上，三叩首后，抽身后退。

典礼大臣将新晋进士引到皇帝面前，以发令官的口吻宣旨："奉天承运，皇帝制曰，光绪某年，殿试天下武举，第一甲赐武进士及第；第二甲赐武进士出身；第三甲赐同武进士出身。"

法令官宣读第一甲名字的时候，该进士起身，向前行几步，跪拜；第二甲和第三甲也一样，继续宣读第二等和第三等进士的名字，点到名字的进士无须起身。

第一名叫武状元；第二名叫武榜眼；第三名叫武探花；二甲的第一名叫武传胪，剩下全部叫武进士。

三甲均享侍卫头衔，一甲的第一名为一等侍卫[1]；第二名和第三名为二

---

[1] 下表是九种武官的顶戴和补服。

序号	顶戴	补服
1	红宝石	麒麟
2	珊瑚顶	狮子
3	蓝宝石	豹
4	青金石	虎
5	水晶顶	熊
6	砗磲顶	彪
7	素金顶	彪
8	镂金顶	海马
9	镂银顶	犀牛

等侍卫。二甲的进士称为三等侍卫；三甲的进士为蓝翎侍卫。其他进士或为营守备，或为卫守备。

1894年推行的政策如下：

首卫：第一甲，1人；第二甲，2人；第三甲，20人；蓝翎，32人，总计55人，留北京，担任军事职能。

营守备：在营地，52人；运粮，20人，返回生源地。

新晋进士名单宣读完毕后，所有进士向皇帝三拜九叩，然后起身，退下。

兵部官员将榜单放在云盘中，用双手托着，和进士及所有其他官员从太和门和午门出去，并在这里跪拜，兵部官员将榜单放在龙亭上。在乐声中，銮仪卫把龙椅抬出长安门。榜单在专门准备的榜棚公示三天，之后归档。

当皇家护卫队和进士经过午门时，人们会给武状元一套盔甲，状元披戴盔甲，士兵和锣鼓手一路陪伴直到他的住所。

武状元盔甲
参照唐士名胜图会

农历十月初六会为兵部举行隆重的会武宴[1]，皇帝钦点一名主宴大臣。在入席之前，身穿朝服的主考官、读卷官、其他所有官员和新晋进士行三拜九叩礼谢主隆恩。接着，新晋进士向读卷官行礼致谢，如同感谢自己的老师一样。宴会结束后，所有人再次在皇帝面前行三拜九叩礼。

农历十月初七，赏新晋进士一人五两银子。在武状元的带领下，上表谢恩。在约定的时间内，进士在午门准备好的桌子前站成两列。武状元面朝西，手持谢恩表，跪拜，将其放在桌子上，行三叩首礼。典礼发令官将所有武进士聚集在桌前，行三拜九叩礼，礼毕各自退下。兵部官员将御使大臣引到谢恩表前，御使大臣将其呈交给皇帝。

四、授官

所有典礼结束后，兵部会公示官职分配明细。1894 年的公示内容如下：兵部示，此次武殿试，以侍卫用之张鸿藁等五十五名，务于九月二十九日卯刻，衣冠前赴西华门外都虞司兵部公所内报到，听后带侍卫处认差，是日不到，即行扣除。

同样是 1894 年，已经提名侍卫的武进士，先到北京任职，后被分配给三旗。镶黄旗侍卫：第一甲，1 人；第二甲，6 人；蓝翎，11 人；正黄旗侍卫：第二甲，1 人；第三甲，7 人；蓝翎，10 人；正白旗侍卫：第二甲，1 人；第三甲，7 人；蓝翎，11 人。一旦被提名，侍卫就要听从调遣。

结束之际，我们不禁要提一个问题：选拔一大批武科考生有何益处？事实上，在阅读了供皇帝阅读的官方季刊《中枢备览》后，笔者发现数量如此庞大的武官群体中，竟鲜有人有军衔。不管是士兵还是首领都没有摆脱武科考生的地位，也不是军队的储备人才。武科考生价值何在？下面是道光十二

---

[1] 考取进士六十周年的进士在邀请行列，"重赴会武宴"。

年，北京给事中巫宜楔[1]向皇帝上表时说的一段话："武举人，类皆丰衣足食，不尽识字，平时多不安本分。把持公事，或武断乡曲，以及恃符唆讼。"

  这里关于武进士的描述，同样也适用于其他等级的武科考生，一旦被封官，心中只有私利。因此，我们也无须惊讶，咸丰年间，暴乱四起，一些大臣建议皇帝取消武科考，因为武生非但没有帮助他们，还使他们身陷困境。但是，基于对先祖的尊重（祖宗成法），武科考最后还是被完整地保存了下来。为了守卫辽阔的帝国，和欧洲相比，另一个务实的体系应该早日建立，这也是所有中国挚友的心愿！

---

[1] 又名雨池，出生于晋江，隶属福建泉州。嘉庆二十二年（1817年）晋升院士；道光二十一年提名道台。次年，因鸦片战争中，英军炮轰吴江，逃往松江。参见《同治上海县志》。

附录一

文中提及的上谕和部议，以时间为序。

注意：第一个数字指皇帝在位年份，号中是与之相应的基督纪年[1]。

顺治年间

8（1651）允许云南进京参加进士考试的考生使用马驿。

17（1660）取消技勇考核。

康熙年间

13（1674）恢复技勇考核。

32（1693）步靶距射手的距离为50弓。

47（1708）只有汉族旗人可以参加武科考试。

48（1709）七品和八品翻译生员和廪生亦可参加武乡会试。

雍正年间

1（1723）允许满族旗人参加考试。

7（1729）主持考试的总督或巡抚须携带一名提督。

11（1733）进士互结担保人签字。

---

[1] 如果此处有部分年份与正文内容不相符，是因为此处做了修改。

脸上的印章不可擦除。

12（1734）1723 年颁布的满族考生相关条例撤销。

乾隆年间

2（1739）1733 年互结签字条例落实。

9（1744）年满 60 周岁武生不得考举人。

18（1753）年满 60 周岁举人不得考进士。

21（1756）印章改为印在手臂上。

24（1759）技勇考核中，一般不再使用第三号工具。

25（1760）明文规定骑弓和步弓的硬度。

武乡会试中仅有一次骑射覆试机会。

七箭射中三箭的考生获得参加后续考试的资格。

步靶的摆放距离为 30 弓。

步射射击箭数从 9 箭减少到 6 箭。

考生必须参加覆试。

26（1761）没有上交亲供的武生不得参加后续考试。

36（1771）明文规定读卷官使用墨水的颜色。

40（1775）覆试制度确立。

42（1777）新疆进京考进士的考生可使用驿站。

45（1780）考生不得自称可开十五力以上的弓。

51（1786）步射改为六箭制。

53（1788）发布入选考生名单，未入选注明原因。

嘉庆年间

6（1801）试卷上印上武生姓名。

亲供和试卷复核。

12（1807）取消策论，改为《武经》默写。

  文理但取粗通者。

  明文规定默写不合格的考生会被淘汰。

18（1813）取消舞刀考核。

  旗人文生获得参加武乡会试的资格。

  旗人获得武科考试资格。

  旗人边防可在生源地参加考试。

道光年间

（1820）恢复舞刀考核。

5（1825）禁止考生考试时提出开超过十二力的弓。

6（1826）筛选考生时，禁止滥竽充数。

  武生三次覆试不合格，仅夺其武贡生之称。

11（1831）录取比例为 22∶100。

13（1833）如果考生选三号弓，就必须选择一号刀和一号箭。

  准备录取考生时，读卷官优先考虑双好考生。

  武举考试的成败多取决于外场考试成绩。

14（1834）两位阅卷官因未优先选择双好考生，而选择了单好考生遭惩戒。

15（1835）总督因允许考生开十六力弓遭贬黜。

23（1843）在北京，皇帝指派阅卷官的同时告知他们负责的围。

24（1844）驻防文童和翻译生员可参加武乡会试和进士考试。

26（1846）总督因允许 84 岁考生参加考试遭贬黜。

27（1847）8 名甘肃武生被降级。

咸丰年间

2（1852）新晋进士在皇室面前须自称奴才。

3（1853）认捐三十万两的省份可多得举人学额。

5（1855）旗人考生的录取比例为1∶10。

6（1856）所有考生均需参加武会试覆试。

9（1859）会试被推迟到农历九月初八。

同治年间

1（1862）考生无须抄写考试主题。

　　　　三种不合格默写。

　　　　会试时间定于农历十月。

12（1873）武乡会试录用，江南二省学额不再分开计算。

光绪年间

8（1882）武生必须参加岁考。

14（1888）监试御使因篡改成绩遭贬黜。

附录二

专业术语

(不含人名、地名以及五字以上的术语)

珊瑚顶	二等	号石
上表谢恩	二等侍卫	号弓
失仪	发落	汉军
试卷	发马官	汉玉
石必及椿	发马处	后跋
狮子	翻译生员	乡试
侍卫	藩台	县考
受卷官	副	学师
收马	覆试	学额
收掌官	福华门	学台
双好	府考	学册
水晶顶	副榜	熊
殳	府丞	合式
二号	副都统	黄册
二甲	府尹	会试
二场	海马	会武宴

红结	解元烛	弓弰
鸿胪寺	较射大臣	弓矢
红宝石	教场	弓身
虎	结单	贡生
互结	监试	弓弦
佾生	监试官	弓彄
驿马	监射大臣	公车费
遗案武生	监试御史	弓弝
以岁作科	监鼓官	弓胎
一等	监临	弓锤
一等侍卫	拣选等第	弓坠
认保	欠二次	弓垫
开弓	欠一次	贡院
开劣	九品	鹄
开满	斤	古兵法
开出号弓	劲弓	库平
扣手	景远门	戈
戟	角弓	过堂
给事中	具文	蓝衫
几力弓	玦	蓝翎侍卫
记箭官	科考	蓝宝石
骑射	官生	擂鼓
旗人	关夫子	镂金顶
麒麟	关帝	镂银顶
技勇	盔甲	力
加额	弓	礼房

礼部	内场	五魁
粮道	内提调	武贡士
列字闱	恩深雨露	武贡士覆试
留堂	恩科	午门
廪生	奴才	武庙
廪保	武	武榜眼
銮仪卫	武生	武秀才
龙虎榜	武府考	武岁考
龙门	武乡试	武探花
龙亭	武乡试錄	舞刀
录遗	武乡会试	武场条例
录条	武县考	武传胪
论	武学	武狀元
马弓	舞花	武题名錄
马路	五花烛	武殿试
马路口	武会试	武童
马靶	武会魁	武童试
马道	武会元	武童生
马箭	武解元	武进士
满服	武监生	武进士及第
默写	武经	武进士出身
弥封	武经魁	武院考
弥封官	武经三子	八旗
面花	武举人	八折
磨勘	武举人覆试	靶子
内阁	武举科	排

派保	三枝九叶顶	长安门
榜篷	三等十名	制石
榜棚	三等侍卫	指日高升
豹	四闱	知贡举
报名	西路	知武举
背花	犀牛	尺
杯盘银	西闱	策
笔帖式	小篷	碑碌顶
表	宿字闱	正
彪	岁考	正案武生
兵房	随营	镇台
宾兴费	素金顶	城守恊
兵部	大刀	辰字闱
步射	太和殿	周礼
補服	太和门	答
補行殿试	单好	抽验
補考	垵	椿
步弓	垵口	中书
不能写	刀	中枢备览
步靶	倒写	中枢政考
步箭	道台	中闱
拨府	插手	重赴会武宴
三号	掌号官	重赴鹰扬宴
三甲	掌花	驻防
三力弓	张字闱	出号弓
三场	长案	主考

主考官	涂写	外套
注劣	督中恊	外场
主宴大臣	掇石	外提调
德胜门	草榜	违式
头号	漕平	卫守备
头排	紫光阁	总额
头场	咨文	文童
地球	增生	扬旗
第三场	将台	檐曝日记
提覆	拾宴	盐巡道
提台	箭	有
题纸	箭幹	有旨
提调	箭括	荫生
挑入好字号	箭路	印卷官
挑选	前序	引满
挑取	箭亭	阴功箭
殿试	箭端	印臂官
点名	千字文	营守备
填榜官	千总	硬弓
天平秤	酋矛	营造尺
顶戴	青金石	鹰扬宴
桶	亲供	御史
东路	亲供单	院考
东闱	雀顶	原额
童生	祖宗成法	云盘
读卷官		

译后说明

1.《中华武科试实则》一书大多采用直译的翻译方法，意在呈现作者原意。

2. 本书作为《中华文科试实则》的姊妹篇，鉴于《中华文科试实则》的译名已被学界广泛接受，所以本书题目译为《中华武科试实则》。

3.《中华武科试实则》一书的作者徐劢原文用拉丁语写成，该法语版本由 P. C. de Bussy 翻译，鉴于尚未找到该译者的官方译名，且译者在法国学界享有一定声誉，为避免混淆和信息错乱，译文中暂保留其法语名。

4. 鉴于中国读者的阅读习惯，译者将原文后置目录调整为前置。

5. 为方便阅读，原文中的插图排序译者做了些许调整。

6. 原文附录二的排序非中国现代汉语拼音排序，因原文中配有中文，无阅读障碍，译者作了翻译处理。